北京都市型现代农业产业发展报告 2023

何忠伟 刘 芳 等 著

中国财经出版传媒集团
中国财政经济出版社
·北京·

图书在版编目（CIP）数据

北京都市型现代农业产业发展报告．2023／何忠伟等著．--北京：中国财政经济出版社，2024.7.
ISBN 978－7－5223－3287－1

Ⅰ．F327.1
中国国家版本馆 CIP 数据核字第 2024LD5645 号

责任编辑：张怡然　　　　责任印制：张　健
封面设计：兰卡绘世　　　　责任校对：张　凡

北京都市型现代农业产业发展报告（2023）
BEIJING DUSHIXING XIANDAI NONGYE CHANYE FAZHAN BAOGAO (2023)

中国财政经济出版社 出版
URL：http：//www.cfeph.cn
E－mail：cfeph@cfeph.cn

社址：北京市海淀区阜成路甲 28 号　邮政编码：100142
营销中心电话：010－88191522
天猫网店：中国财政经济出版社旗舰店
网址：https：//zgczjjcbs.tmall.com
中煤（北京）印务有限公司印刷 各地新华书店经销
成品尺寸：185mm×260mm　16 开　8.75 印张　208 000 字
2024 年 7 月第 1 版　2024 年 7 月北京第 1 次印刷
定价：88.00 元
ISBN 978－7－5223－3287－1
（图书出现印装问题，本社负责调换，电话：010－88190548）
本社图书质量投诉电话：010－88190744
打击盗版举报热线：010－88191661　QQ：2242791300

本书作者团队

何忠伟　刘　芳　徐伟楠

王　聪　王秀芬　卢文钰

序　言

2022年是党的二十大召开之年，也是深入实施“十四五”规划、踏上全面建设社会主义现代化国家、向第二个百年奋斗目标进军新征程的重要一年。按照《中共中央 国务院关于做好2022年全面推进乡村振兴重点工作的意见》、北京市人民政府印发《关于做好2022年全面推进乡村振兴重点工作的实施方案》的通知，明确全面建设社会主义现代化国家的新任务：2022年，北京市把“三农”工作作为全市工作的重中之重，走好具有首都特点的乡村振兴之路。强化现代农业基础支撑，全力抓好粮食生产和重要农产品供给；聚焦产业促进乡村发展，多渠道加快农民增收；扎实稳妥推进乡村建设，更好满足乡村“七有”“五性”需求；突出实效建设善治乡村，打造具有首都特点的党建引领乡村治理新格局；坚持和加强党对“三农”工作的全面领导，凝聚全面推进乡村振兴的强大合力。

2022年，北京市坚持以首都发展为统领，坚持大城市带动大京郊、大京郊服务大城市，推动农业农村高质量发展，促进共同富裕，坚持和加强党对“三农”工作的全面领导，统筹疫情防控和农村改革发展稳定，突出年度性任务、针对性举措、实效性导向，在城乡融合发展中全面推进乡村振兴，确保农业稳产增产、农民稳步增收、农村稳定安宁，推进北京率先基本实现农业农村现代化迈出坚实步伐，以实际行动迎接党的二十大胜利召开。

2022年，北京市严格落实粮食安全党政同责和“菜篮子”责任制。在通州区、大兴区、房山区、顺义区等建设智能连栋温室，打造高效设施农业片区，稳定常年菜地保有量，保持生猪生产支持政策稳定；完成第三次全国畜禽遗传资源和第一次全国水产养殖种质资源普查年度任务。开展11个北京优势特色物种种质创制与品种选育联合攻关，实施北京鸭等4个特色种质资源保护利用行动，实现自主知识产权品种“黑六”种猪回归北京。抓好非洲猪瘟常态化防控，加强生猪调运、养殖、屠宰、无害化处理等重点环节有效监管。加快推进平谷区农业科技创新示范区和京瓦农业科技创新中心建设。深化休闲农业“十百千万”畅游行动，培育提升50个美丽休闲乡村。

2023年是全面贯彻落实党的二十大精神的开局之年，也是加快建设农业强国的起步之年。北京市充分认识“三农”工作的极端重要性，坚持以习近平新时代中国特色社会主义思想为指导，全面贯彻落实党的二十大精神，深入贯彻落实习近平总书记关于“三农”工作的重要论述，坚持和加强党对“三农”工作的全面领导，坚持农业农村优先发展，坚持城乡融合发展，强化科技创新和制度创新，坚决守牢确保粮食安全、防止规模性返贫等底线，扎实推进乡村发展、乡村建设、乡村治理等重点工作，加快建设农业强国，建设宜居宜业和美乡村，为全面建设社会主义现代化国家开好局、起好步，打下坚实基础，举全市之力全面推进乡村振兴，为加快建设农业强国作出积极贡献。

本书得到北京市农业农村局科技处项目资助，在调研与写作过程中，得到了北京市农业农村局、北京市哲学社会科学规划办、各区农业农村局、北京市现代农业产业技术体系创新团队、北京乡村振兴研究基地的大力支持，学习和借鉴了一些专家学者的研究成果，在此一并感谢。此外，本书在研究过程中难免涉及许多学科的知识和方法，由于时间仓促，加之笔者水平有限，有纰漏之处，还望读者批评指正。

作　者

2024年3月

目 录

第一章　北京“三农”发展总体情况

党的十一届三中全会后，北京农村改革发展红火，农业在全市发挥着重要的基础性作用。进入21世纪以后，农业农村的休闲旅游和生态环境建设逐步增强，但是在农民收入持续增长、农村基础设施建设和公共服务不断加强的同时，也出现了耕地减少、农业产出下降的现象。北京进入疏解非首都功能、建设国际一流和谐宜居之都的新阶段之后，城市转型发展日新月异，立足北京“大城市小农业”“大京郊小城区”的市情农情，北京落实发展都市型现代农业的功能定位逐步形成。北京发展都市型现代农业是保障城市农产品供应和确保应急安全的重要举措，是建设农业强国的旗帜作用和重要窗口，是以科技创新和现代装备引领农业高质量发展的重要路径，是首都生态宜居的重要基础，北京都市型现代农业的高质量发展具有重要的战略意义。

2022年，北京市深入贯彻落实党中央关于乡村振兴战略的部署，立足首都新发展格局，谋划布局农业农村现代化建设，出台农民增收和壮大集体经济、种业振兴十年方案、人居环境提升五年行动等中长期强农惠农政策，采取积极措施应对疫情反弹、成本上涨、市场波动等多重考验，农业农村经济保持总体平稳，农林牧渔业增加值和总产值稳中略降，城乡居民收入比逐步缩小。农林牧渔业增加值113.1亿元，同比下降1.8%，占全市生产总值的0.27%。农林牧渔业总产值268.2亿元，按可比价计算同比下降2%，其中农业（种植业）产值129.8亿元，按可比价计算同比增长2.3%，已恢复至2017年同期水平。城乡居民收入比由去年同期的2.45∶1缩小到2.42∶1。总体而言，北京农业粮食及“菜篮子”产品生产供应稳定，农民收入持续较快增长，现代农业产业开局良好。

第一节　北京市农业产业概况

2022年，北京市居民人均可支配收入为75002元，居民人均消费支出为43640元，具有较高的消费水平。北京是世界上最大、最密集的农产品消费市场之一，同时还具有消费结构层次多、消费需求变化快、消费质量高、消费点多、消费多元化等特点。2022年，北京实现社会消费品零售总额 13794.2 亿元，其中商品零售 12832.6 亿元，餐饮收入 961.6 亿元。同时，随着北京国际化水平的提升，对于品质高、文化内涵深、个性化的产品消费需求不断增多，农产品中高端市场需求势头强劲。

一、农林牧渔业产值

（一）农林牧渔业总产值整体呈现下降趋势

国家统计局数据显示：2012 年以来，北京市农林牧渔业总产值以及细分的农业总产值、牧业总产值、渔业总产值呈现波动下降趋势，其中，农林牧渔业总产值由 2012 年的 395.71 亿元波动减少至 2022 年的 268.20 亿元，近 10 年来减少了 127.51 亿元、降幅达 32.22%，年均复合下降率为 3.47%；在京津冀协同发展和加快生态环境建设的背景下，养殖业发展受到一定程度限制，产值下降明显。近 10 年来，北京市牧业总产值由 2012 年的 154.16 亿元波动减少至 2022 年的 42.30 亿元，近 10 年间下降了 111.86 亿元，降幅高达 72.56%（见图 1－1）。

结合近年的乡村振兴以及北京市农业生产结构调整相关政策，“菜篮子”“米袋子”等稳产保供活动的扎实推进，北京市农业总产值有可能进一步提升。

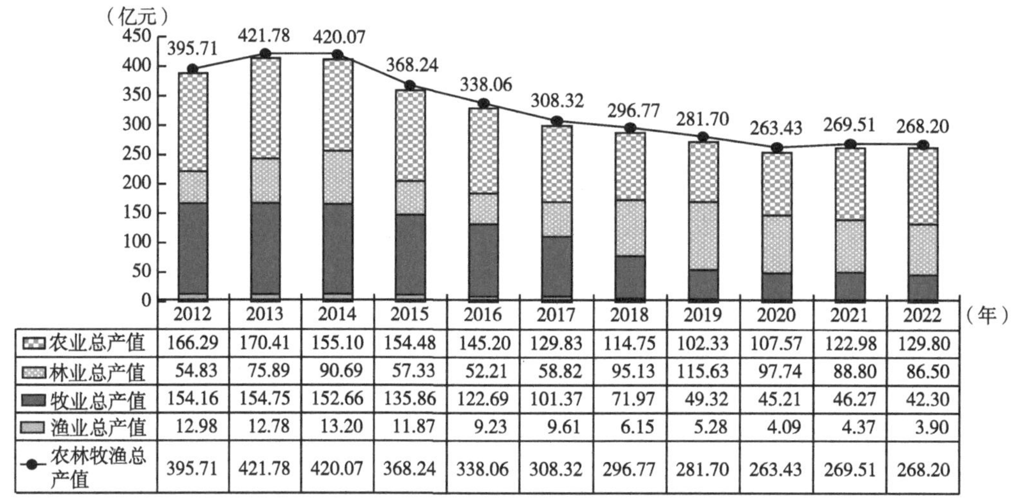

	2012	2013	2014	2015	2016	2017	2018	2019	2020	2021	2022
农业总产值	166.29	170.41	155.10	154.48	145.20	129.83	114.75	102.33	107.57	122.98	129.80
林业总产值	54.83	75.89	90.69	57.33	52.21	58.82	95.13	115.63	97.74	88.80	86.50
牧业总产值	154.16	154.75	152.66	135.86	122.69	101.37	71.97	49.32	45.21	46.27	42.30
渔业总产值	12.98	12.78	13.20	11.87	9.23	9.61	6.15	5.28	4.09	4.37	3.90
农林牧渔总产值	395.71	421.78	420.07	368.24	338.06	308.32	296.77	281.70	263.43	269.51	268.20

图 1－1　北京农林牧渔总产值及细分产值变化趋势

资料来源：北京市统计局、《北京统计年鉴》。

（二）林业总产值呈现波动增长趋势

国家统计局数据显示：2012 年以来，北京市林业在百万亩造林工程带动下，林业总产值呈现波动增长趋势。林业总产值由 2012 年的 54.83 亿元波动增长至 2022 年的 86.50 亿元，近 10 年间增长了 31.67 亿元，增幅约 57.76%。2022 年实现林业产值 86.50 亿元，增长 1.4%（见图 1－1）。

二、主要农作物种植面积

（一）总种植面积呈先降后升趋势

北京市属于温带季风气候，夏季雨热同期有利于农作物的生长。近年来，北京市农作物总种植面积呈现先减后增的发展趋势。国家统计局数据显示，2012—2019 年，北京市农作物总种植面积呈逐年下降趋势，并于 2019 年跌至谷值 132.83 万亩；2019 年后呈现逐年增长趋势，且农作物总种植面积连增 3 年，增幅相对较大（分别为 10.88%、20.03% 和 27.05%）；2022 年已达 224.6 万亩，在深入推进乡村振兴战略的时代背景下，北京市根据“大城市小农业”和“大京郊小城区”的基本城乡条件，打造了观光休闲农业，且农业观光园呈现“产品消费外扩与食宿消费内聚”，消费市场呈现向外部扩散趋势（见图 1－2）。加之受“菜篮子”“米袋子”等稳产保供活动的进一步推进，预计后期北京市农作物总种植面积将继续提升。

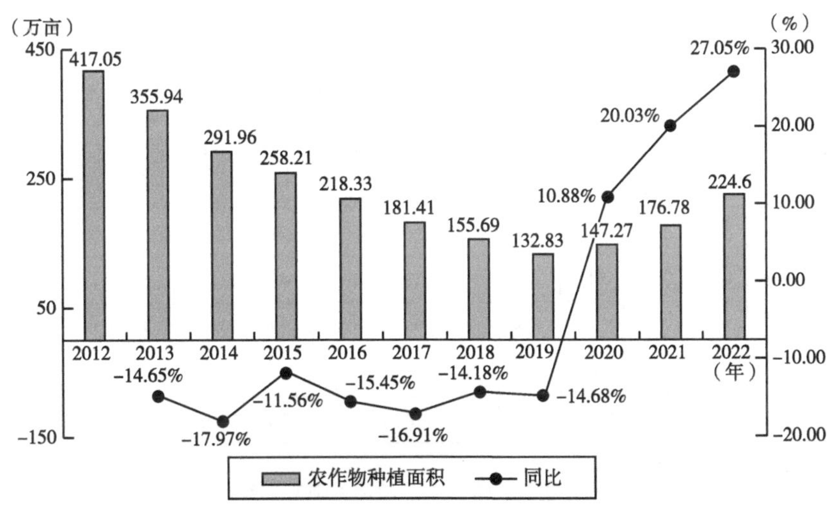

图 1－2　北京市农作物总种植面积变化趋势

资料来源：北京市统计局、《北京统计年鉴》。

（二）粮食作物播种面积稳步回升

国家统计局数据显示，2022 年，北京市农作物种植面积为 224.6 万亩，实现粮食产量 45.4 万吨，同比分别增长 27.05% 和 20.10%。从种植地位来看，2022 年，北京市粮食类作物播种面积约 115.1 万亩，在北京市农作物总种植面积中比重约 51.25%。

从趋势来看，北京市统计局数据显示，2010—2022 年，北京市粮食及细分农产品种植面积整体均呈现波动下降趋势，其中，粮食总种植面积于 2018 年开始少于 100 万亩，近年峰值为 2010 年的 335.21 万亩，谷值为 2019 年的 69.78 万亩，极差约 265.43 万亩；2022 年北京市小麦种植面积为 26.4 万亩，近 13 年峰值为 2010 年的 92.39 万亩，谷值为

2019 年的 12.06 万亩，极差约 80.33 万亩；2022 年玉米种植面积为 76.7 万亩，近 13 年峰值为 2010 年的 224.63 万亩，谷值为 2019 年的 50.49 万亩，极差约 174.14 万亩；大豆种植面积稳定呈现波动下降趋势，近 13 年峰值为 2011 年的 9.61 万亩，谷值为 2020 年的 1.86 万亩，极差约 7.75 万亩，大豆作为粮食安全党政同责考核新增指标，各涉农区高度重视，与 2021 年秋粮实产收获面积相比，2022 年秋粮大豆播种面积增幅达 168.8%，播种面积增幅明显（见图 1－3）。

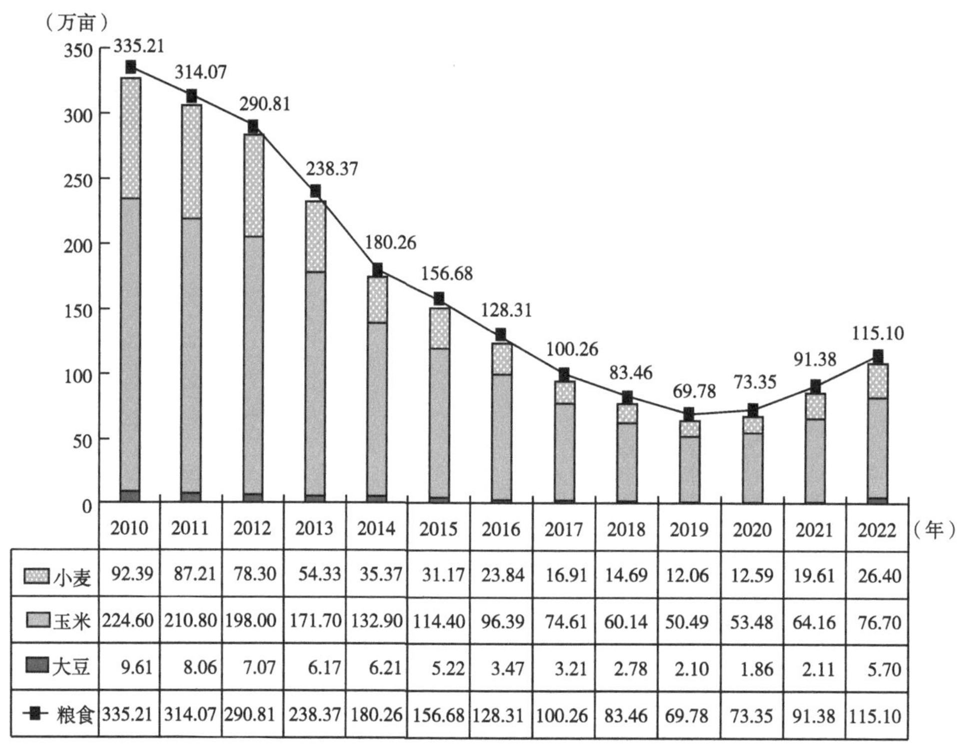

	2010	2011	2012	2013	2014	2015	2016	2017	2018	2019	2020	2021	2022
小麦	92.39	87.21	78.30	54.33	35.37	31.17	23.84	16.91	14.69	12.06	12.59	19.61	26.40
玉米	224.60	210.80	198.00	171.70	132.90	114.40	96.39	74.61	60.14	50.49	53.48	64.16	76.70
大豆	9.61	8.06	7.07	6.17	6.21	5.22	3.47	3.21	2.78	2.10	1.86	2.11	5.70
粮食	335.21	314.07	290.81	238.37	180.26	156.68	128.31	100.26	83.46	69.78	73.35	91.38	115.10

图 1－3　北京市主要粮食农产品细分播种面积变化趋势

资料来源：北京市统计局、《北京统计年鉴》。

从分布来看，玉米作为重要的饲料和工业原料，种植面积在北京市粮食类作物中常年位列第 1；小麦粉是全国 40% 人口的主食，加之传统的老北京人仍以面食为主，进一步拉动小麦产业的种植、生产，小麦种植面积在北京市粮食类作物中常年位列第 2；豆类作物包括红豆、豌豆、黑豆、豇豆、黄豆、绿豆、大豆、蚕豆等，是植物蛋白、食用油脂和蛋白饲料的重要来源，种植面积在北京市粮食类作物中常年位列第 3；薯类作物食用部分含有大量淀粉和糖分，可作蔬菜、杂粮、饲料和制作淀粉、酒精等产品的原料，也是重要的粮食作物和食品加工原料，种植面积在北京市粮食类作物中常年位列第 4；北京市作为中国首都和国际大都市，人口复杂，也有一部分人主食是大米，因此北京市稻谷种植面积在粮食类作物中常年位列第 5（见图 1－4）。

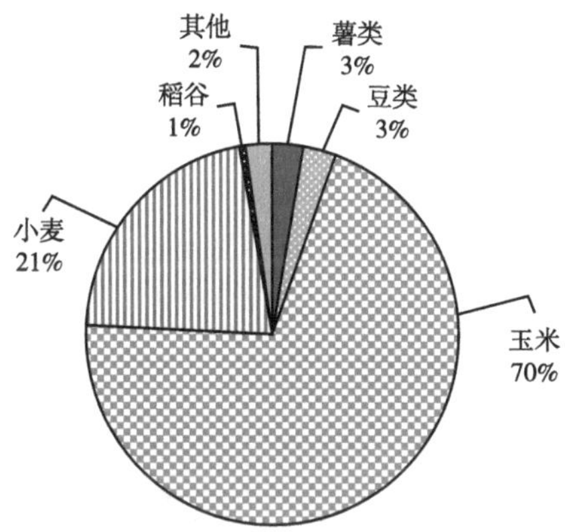

图1-4　2021年北京市主要粮食作物种植面积分布对比

资料来源：北京市统计局、《北京统计年鉴》。

（三）油料作物种植面积呈现大幅回升趋势

北京市位于华北平原的西北隅，主要种植芝麻、花生和大豆等油料作物。近年来，由于油料生产效益偏低，农民种植积极性不高，只有一些远郊区还有零星种植。北京市统计局数据显示，2022年，北京市油料作物总种植面积约4.77万亩，在北京市农作物总种植面积中比重约2.12%。从趋势来看，2012年以来，北京市油料作物种植面积整体呈波动下降趋势，峰值为2012年的6.8万亩，谷值为2019年和2020年的1.85万亩，极差约4.95万亩，常年在2万亩左右波动，2022年北京市油料播种面积实现大幅回升，同比增长115.83%（见图1-5）。

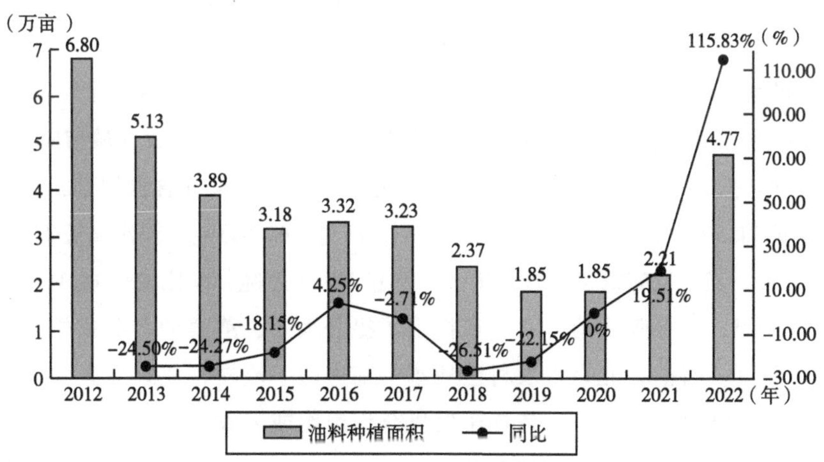

图1-5　北京油料种植面积变化趋势

资料来源：北京市统计局、《北京统计年鉴》。

（四）特色作物种植面积呈现逐年下降趋势

北京的特产水果有京白梨、延庆葡萄、平谷大桃、北寨红杏、昌平草莓、平谷鲜桃、大兴西瓜、房山磨盘柿、桥梓尜尜枣、北寨红杏、刘家店镇大桃、河北村樱桃、红香酥梨、太子峪大枣等。

国家统计局最新数据显示，2021 年，北京市果园面积约 59.33 万亩，在同年北京市农作物总种植面积中比重约 33.56%（见图 1－6）。从趋势来看，2012 年以来，北京市果园面积整体呈逐年下降态势。原因是北京市城市化的发展，以及农业产业结构的调整。

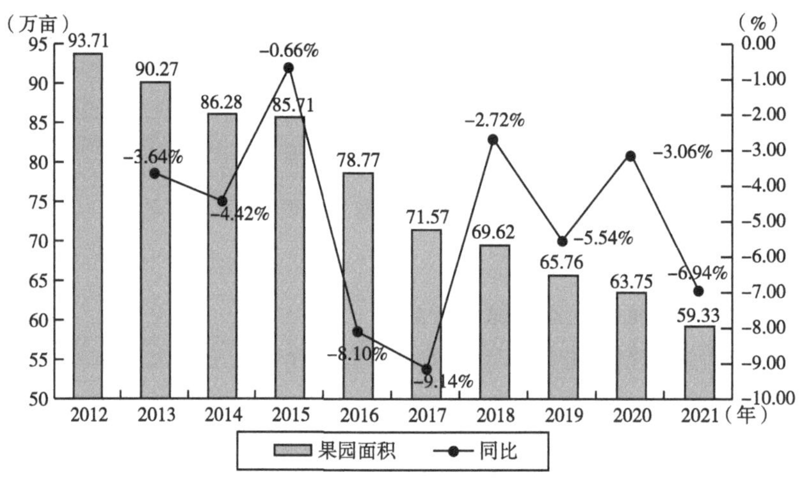

图 1－6　北京市果园面积变化趋势

资料来源：北京市统计局、《北京统计年鉴》。

（五）蔬菜（含食用菌）种植面积呈先降后升趋势

目前，北京市叶类蔬菜占 50% 以上，种植品种以生菜、油菜、芹菜为主；果类蔬菜以番茄、黄瓜为主，北京市农业生产目标在 2021 年进行了调整，确立了坚守 11.067 万公顷（约合 166 万亩）的耕地红线，蔬菜生产面积要达到 72 万亩，“菜篮子”“果盘子”“米袋子”本地供给率达到 20%，蔬菜副食生产成为都市型现代农业发展的重点，是首都城市应急保障和农民增收的主要方向。据北京市统计局数据，2022 年北京市全年蔬菜（含食用菌）播种面积 79.7 万亩，同比增长 14.5%，完成目标任务的 106.1%，产量 198.9 万吨，同比增长 20.1%，完成目标任务的 110.2%，其中设施蔬菜（含食用菌）产量 108.7 万吨，同比增长 14.1%。

新冠疫情期间，为保障供给，北京市提出了提升水果、蔬菜的自我供给率，提升蔬菜生产的自动化程度。目前，北京市农村土地基本都进行了流转，北京地区农业生产作业主要以订单作业和入社等形式为主，依托于农机合作组织或者农业合作组织进行，智能农业装备在规模比较大的合作组织已推广普及。

从趋势来看，2012 年以来，北京市蔬菜种植面积先由 94.41 万亩逐年减少至 2019 年的 45.12 万亩；受“菜篮子”工程的影响，北京严格落实粮食安全党政同责和“菜篮子”市长负责制，并配套粮菜补贴政策落实落地以及有序开展农业生产配套服务，北京市蔬菜播种面积逐渐回升，并实现持续 3 年的正增长态势（见图 1－7）。

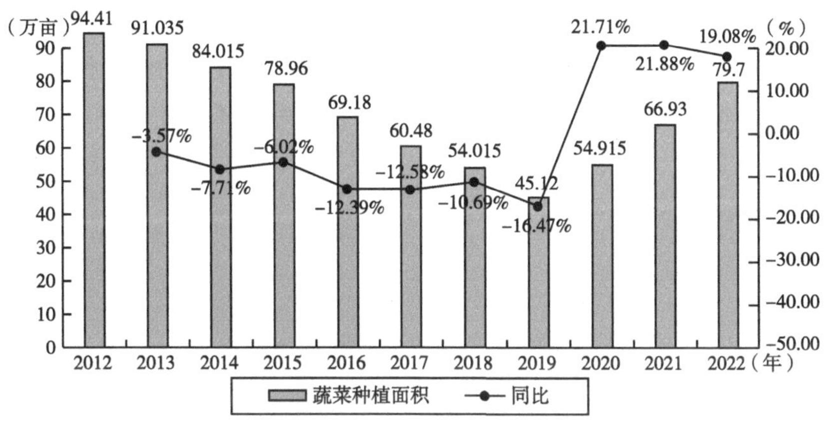

图 1－7　北京市蔬菜种植面积变化趋势

资料来源：北京市统计局、《北京统计年鉴》。

三、主要农产品产量

（一）粮食产量：增长势头明显

国家统计局数据显示，北京市粮食产量随着粮食种植面积变化而变化，粮食产量也整体呈波动减少趋势。2022 年北京市粮食总产量 45.4 万吨，较上年增加 7.6 万吨，同比增长 20.1%，从作物品种来看，北京地区最主要粮食作物冬小麦、玉米产量同比增幅达 36.8% 和 15.5%；大豆作为今年粮食安全党政同责考核新增指标，各涉农区高度重视，2022 年大豆产量增幅达 152.1%，增长势头明显（见图 1－8）。

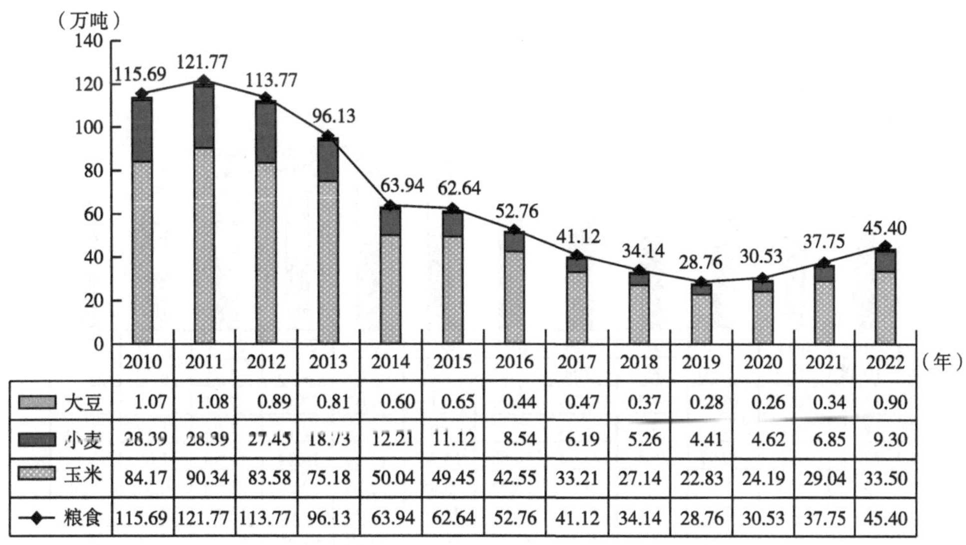

（年）	2010	2011	2012	2013	2014	2015	2016	2017	2018	2019	2020	2021	2022
大豆	1.07	1.08	0.89	0.81	0.60	0.65	0.44	0.47	0.37	0.28	0.26	0.34	0.90
小麦	28.39	28.39	27.45	18.73	12.21	11.12	8.54	6.19	5.26	4.41	4.62	6.85	9.30
玉米	84.17	90.34	83.58	75.18	50.04	49.45	42.55	33.21	27.14	22.83	24.19	29.04	33.50
粮食	115.69	121.77	113.77	96.13	63.94	62.64	52.76	41.12	34.14	28.76	30.53	37.75	45.40

图 1－8　北京市粮食及细分农产品产量变化趋势

资料来源：北京市统计局、《北京统计年鉴》。

（二）油料产量：先降后增，品种以花生为主

北京市统计局数据显示，2010年以来，北京市油料产量变化趋势与种植面积变化趋势相同，整体呈先降低后增长趋势，油料种植品种以花生为主（见图1－9）。

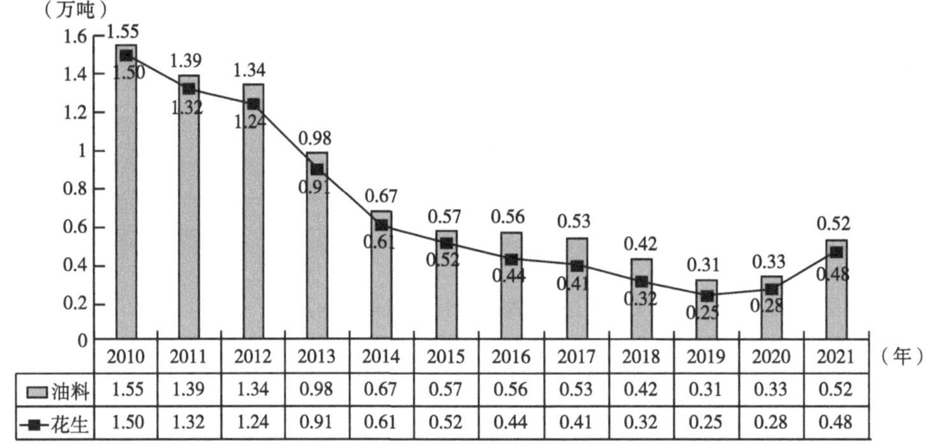

	2010	2011	2012	2013	2014	2015	2016	2017	2018	2019	2020	2021
油料	1.55	1.39	1.34	0.98	0.67	0.57	0.56	0.53	0.42	0.31	0.33	0.52
花生	1.50	1.32	1.24	0.91	0.61	0.52	0.44	0.41	0.32	0.25	0.28	0.48

图1－9　北京市油料作物及细分农产品产量变化趋势

资料来源：北京市统计局、《北京统计年鉴》。

（三）水果产量：逐年下降，品种以桃子为主

近年来，由于城市化的发展，北京市水果种植面积、产量均呈下降趋势。国家统计局数据显示，2021年，北京市水果总产量为48.84万吨，较2020年同比下降9.23%，较2010年的115.17万吨减少了66.33万吨，降幅达49.14%，年均复合下降率约7.5%（见图1－10）。

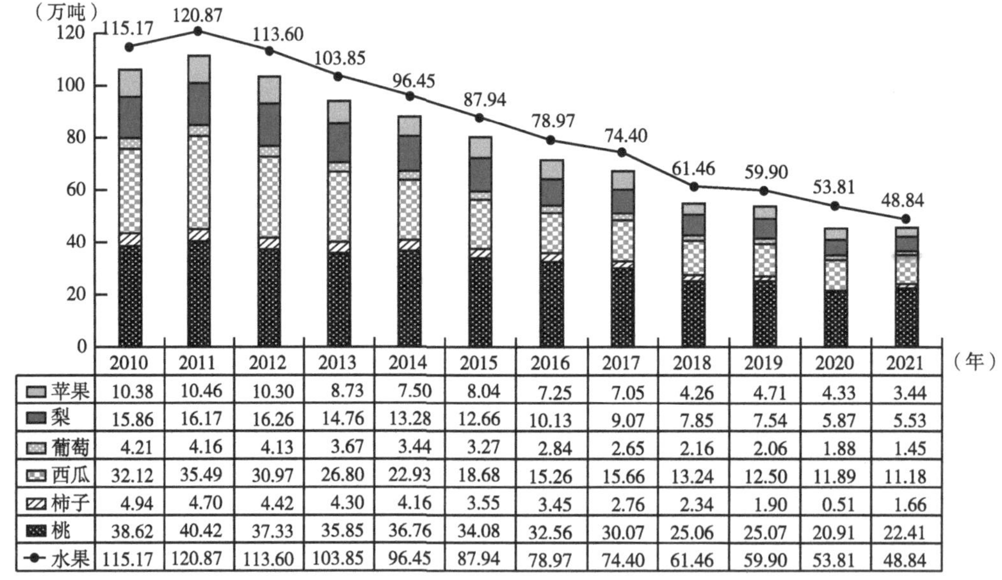

	2010	2011	2012	2013	2014	2015	2016	2017	2018	2019	2020	2021
苹果	10.38	10.46	10.30	8.73	7.50	8.04	7.25	7.05	4.26	4.71	4.33	3.44
梨	15.86	16.17	16.26	14.76	13.28	12.66	10.13	9.07	7.85	7.54	5.87	5.53
葡萄	4.21	4.16	4.13	3.67	3.44	3.27	2.84	2.65	2.16	2.06	1.88	1.45
西瓜	32.12	35.49	30.97	26.80	22.93	18.68	15.26	15.66	13.24	12.50	11.89	11.18
柿子	4.94	4.70	4.42	4.30	4.16	3.55	3.45	2.76	2.34	1.90	0.51	1.66
桃	38.62	40.42	37.33	35.85	36.76	34.08	32.56	30.07	25.06	25.07	20.91	22.41
水果	115.17	120.87	113.60	103.85	96.45	87.94	78.97	74.40	61.46	59.90	53.81	48.84

图1－10　北京市水果及细分农产品产量变化趋势

资料来源：北京市统计局、《北京统计年鉴》。

从细分品类来看，按 2021 年北京市主要水果产量从高到低排列依次为：桃、西瓜、梨、苹果、柿子、葡萄。其中，桃产量达 22.41 万吨，约是 2021 年北京市水果总产量的 45.88%；西瓜产量 11.18 万吨，约是 2021 年北京市水果总产量的 22.89%；梨产量 5.53 万吨，约是 2021 年北京市水果总产量的 11.32%；苹果产量 3.44 万吨，约是 2021 年北京市水果总产量的 7.04%；柿子产量 1.66 万吨，约是 2021 年北京市水果总产量的 3.4%；葡萄产量 1.45 万吨，约是 2021 年北京市水果总产量的 2.97%（见图 1－11）。

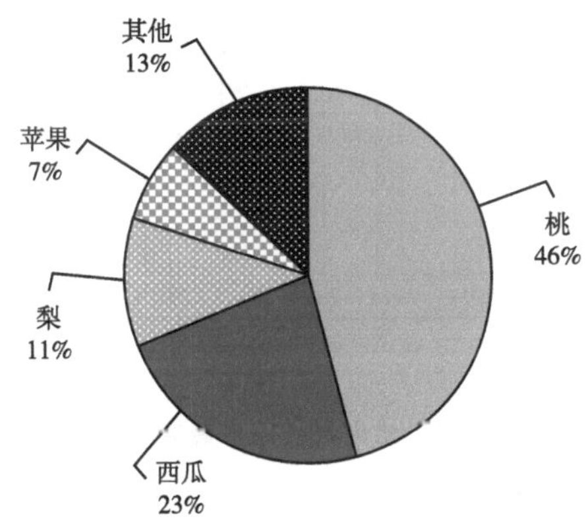

图 1－11　2021 年北京市主要水果品类产量分布对比

资料来源：北京市统计局、《北京统计年鉴》。

（四）蔬菜产量：实现 3 年连续增长

国家统计局数据显示，2010—2021 年，北京市蔬菜产量随蔬菜种植面积同步变化，呈现先降后增趋势，随着“菜篮子”“果盘子”“米袋子”相关政策举措的推行，北京市蔬菜产量自 2019 年以后呈现增长趋势。2022 年，北京市蔬菜产量为 198.9 万吨，较 2021 年同比增长 20.11%，其中设施蔬菜（含食用菌）产量 108.7 万吨；与峰值年份（2010 年的 302.45 万吨）相比，下降了 103.55 万吨，降幅达 34.24%；与谷值年份（2019 年的 111.45 万吨）相比，连增 3 年，增量约 87.45 万吨，增幅约 78.47%（见图 1－12）。

（五）肉类产量：提升受限，降幅明显

国家统计局数据显示，北京市畜产品自给率不足 1/5，2010 年以来，北京市养殖业陆续调减的趋势已初步显现。2021 年，北京市肉类总产量为 4.42 万吨，较 2010 年的 46.27 万吨减少了 41.85 万吨，降幅达 90.45%，较 2020 年同比减少 25.21%。调减畜产品生产能力的主要原因是环境保护，北京市的城市功能定位是政治、文化、国际交流中心，高耗水、高污染的畜产品养殖产业被予以限制。北京市在城市中心区划有 5202.3 平方公里（约合 780 万亩）的畜禽禁养区，畜产品养殖被布局在畜禽禁养区之外的城市边缘地区。2022 年北京市全年生猪出栏 32.2 万头，同比增加 4.3%，猪肉产量 2.8 万吨，同比增长 6.9%，均为 2019 年以来的最高水平，牛羊出栏量延续小幅下降走势，同比降幅分别为 2.8% 和 4%。受部分养鸡场关停、淘汰蛋鸡等结构调整因素影响，家禽和禽蛋生产降幅明

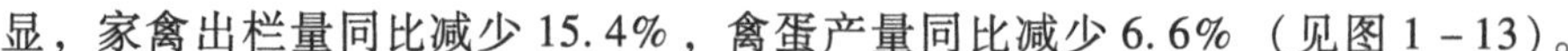
显，家禽出栏量同比减少 15.4%，禽蛋产量同比减少 6.6%（见图 1－13）。

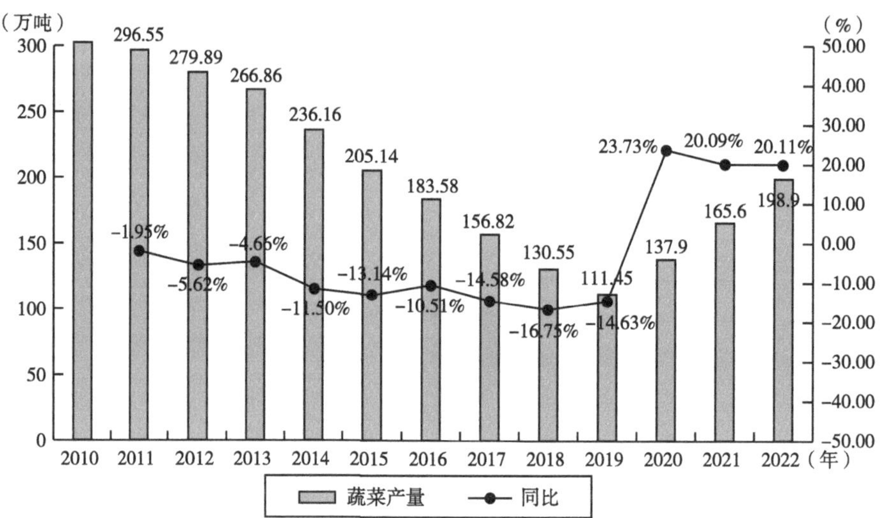

图 1－12 北京市蔬菜产量变化趋势

资料来源：北京市统计局、《北京统计年鉴》。

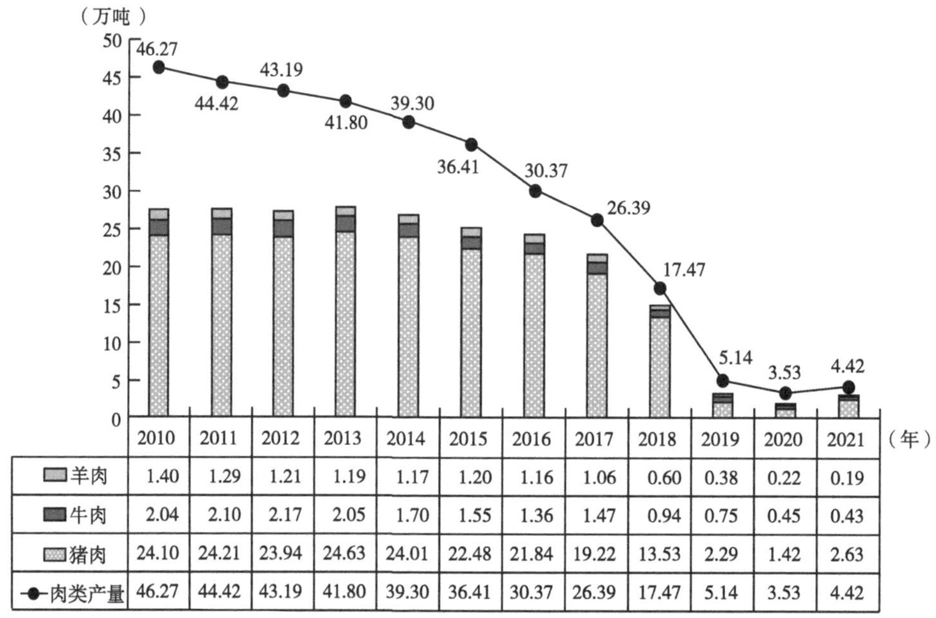

	2010	2011	2012	2013	2014	2015	2016	2017	2018	2019	2020	2021
羊肉	1.40	1.29	1.21	1.19	1.17	1.20	1.16	1.06	0.60	0.38	0.22	0.19
牛肉	2.04	2.10	2.17	2.05	1.70	1.55	1.36	1.47	0.94	0.75	0.45	0.43
猪肉	24.10	24.21	23.94	24.63	24.01	22.48	21.84	19.22	13.53	2.29	1.42	2.63
肉类产量	46.27	44.42	43.19	41.80	39.30	36.41	30.37	26.39	17.47	5.14	3.53	4.42

图 1－13 北京市肉类及细分产品产量变化趋势

资料来源：北京市统计局、《北京统计年鉴》。

（六）水产品产量：淡水产品波动下降，海水产品激增

国家统计局数据显示，2010—2021 年，北京市水产品总产量呈现波动增长趋势，峰值为 2020 年的 22.81 万吨，谷值为 2018 年的 3 万吨，极差 19.81 万吨，2021 年水产品产量

为16.62万吨，同比减少27.14%。随着北京市经济的快速发展，居民生活水平随之不断提升，使消费结构不断优化和改善，水产品在膳食结构中的比重也不断增加，进而推动了水产品总产量的不断提升。

细分产品来看，2010—2018年，淡水产品和海水产品产量整体均呈波动下降趋势，其中，海水产品产量及比重均相对较低，2019年开始，随着海水捕捞政策的变化，海水产品产量激增、比重也相对提高，以2021年为例，北京市海水产品产量达15.19万吨，约是北京市水产品总产量的91.4%；淡水产品产量仅1.43万吨，约是北京市水产品总产量的8.6%（见图1－14）。

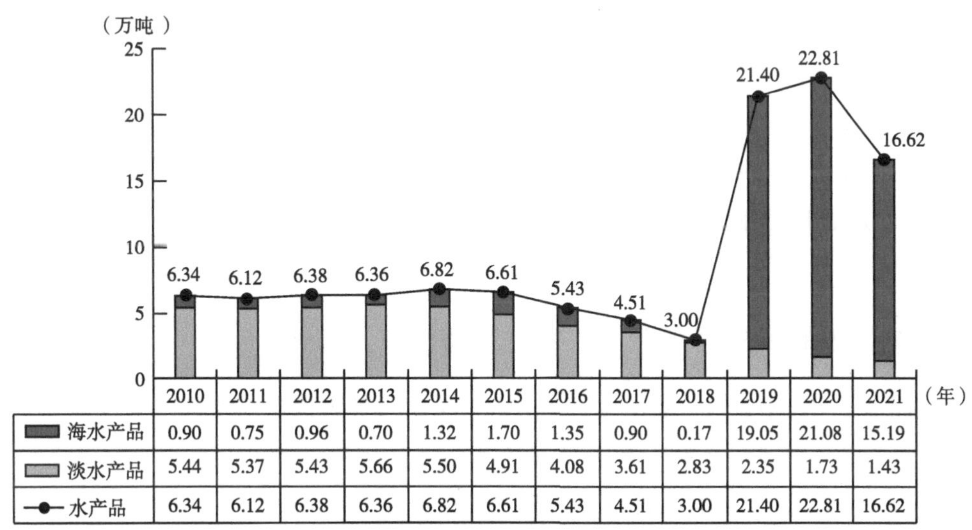

	2010	2011	2012	2013	2014	2015	2016	2017	2018	2019	2020	2021
海水产品	0.90	0.75	0.96	0.70	1.32	1.70	1.35	0.90	0.17	19.05	21.08	15.19
淡水产品	5.44	5.37	5.43	5.66	5.50	4.91	4.08	3.61	2.83	2.35	1.73	1.43
水产品	6.34	6.12	6.38	6.36	6.82	6.61	5.43	4.51	3.00	21.40	22.81	16.62

图1－14　北京市水产品细分产品产量变化趋势

资料来源：北京市统计局、《北京统计年鉴》。

第二节　农民就业增收情况

北京市坚持以提高农民收入、缩小城乡差距为目标，突出就业和产业两个关键因素，坚持“就业带动、产业联动、资源撬动、帮扶拉动”，出台多项帮扶措施。2022年北京市农村居民可支配收入为34754元，增长4.4%，增速高于城镇居民1.3个百分点。城乡收入比2.42∶1，相比2021年下降0.03，四项收入呈现两升两降态势，工资性收入24928元，财产净收入3556元，同比分别增长6.4%、3.3%；经营净收入1850元，转移净收入4420元，同比分别下降1.3%、2.9%。

一、实施充分就业工程，促进工资性收入增长

在帮扶措施上，北京市实行城乡统一的就业失业管理制度，农村劳动力享受与城镇登记失业人员同等的公共就业服务和就业帮扶政策。实施充分就业工程，提高工资性收入。加大对农业龙头企业、农业产业园、农村集体经济组织以及集体企业的支持力度，带动更多本地农民就业。全面落实平原生态林管护、规模化苗圃建设、山区森林经营招收北京市农村劳动力分别不低于总用工人数60%、50%和80%的要求，组织本地农民参与林下经济发展。推进以工代赈，稳步扩大农村公益性岗位规模，提升工资待遇。抓住乡村产业振兴的契机，加大农村劳动力就近就地就业帮扶力度，引导农村劳动力就近就业。适应首都经济发展方式转变和产业结构调整，将房山、门头沟等涉农区确定为农村就业困难地区，给予一定的资金支持。北京市在2012—2021年，累计帮扶45.3万名农村劳动力实现转移就业，2022年北京市梳理制定了一揽子稳就业政策措施，制定《稳就业专项行动实施方案》，扎实做好农村劳动力就业工作，促进农村劳动力就业参保，强化农民工就业服务保障。

二、大力发展乡村特色产业，促进经营性收入增长

通过推进乡村产业发展，提升生产经营净收入。持续推进休闲农业“十百千万”畅游行动，高水平举办“京华乡韵”系列推荐活动，出台《关于促进北京市乡村民宿发展的指导意见》，加大对乡村民宿支持力度。开展“花果蜜观光采摘季”“五节一展”、国际樱桃大会等活动赛事，打造林特文化节庆活动品牌。探索“林下种植+自然体验”等产业融合发展模式。

三、深入推进农村改革，促进财产性收入增长

深入推进农村改革，提升财产净收入。深化农村集体产权制度改革，规范农村集体经济组织运行管理，进一步盘活闲置资产，发展特色产业，促进集体资产保值增值。推动集体产业转型升级，引导承包土地经营权规范有序流转，依法合理确定经营权流转指导价格，鼓励多种形式的适度规模经营。

四、多措并举加大帮扶力度，促进转移性收入增长

全面加强落实强农惠农政策，着力提高农民转移性收入。提高社会救助兜底水平，稳步提升城乡居民保障水平，优化农林产业补贴政策，强化各区结对协作及社会力量支持，用好用实各级惠农政策，做好资金保障6条措施。多部门联合制订区级配套补贴政策、负责政策资金的部门共同落实，将财政资金直接或间接地补贴给农户，促进转移性收入增长。

第三节　和美乡村建设情况

2022 年，北京印发《北京市乡村建设行动实施方案》，结合北京市实际，深入贯彻落实中共中央办公厅、国务院办公厅《乡村建设行动实施方案》，坚持乡村振兴为农民而兴、乡村建设为农民而建，扎实推进乡村建设，全面提升乡村宜居宜业水平。努力建设美丽宜人、业兴人和的社会主义新乡村，门头沟区田庄村、怀柔区口头村、密云区蔡家洼村等一批批村庄呈现出崭新的面貌，焕发出新的生机，广大农民群众的获得感、幸福感明显提升。实施《北京市“十四五”时期提升农村人居环境建设美丽乡村行动方案》，持续开展农村人居环境整治和村庄清洁行动。启动第三批 800 余个村美丽乡村建设，整村完工 400 个村，累计完成农村街坊路 1000 余万平方米、绿化 190 万平方米、路灯 4 万余盏，人居环境基础设施短板加快补齐。门头沟区、密云区先后获评国务院农村人居环境整治激励县；延庆等 6 个区获评全国村庄清洁行动先进县；72 个村镇被评为全国文明村镇；970 个村认定为首都文明村镇；房山区周口店镇黄山店等 8 个村正在创建国家乡村振兴示范片区等。

一、农村人居环境整治

（一）农村改厕稳步推进

近年来，北京市将农村“厕所革命”纳入乡村振兴战略和美丽乡村建设整体工作，明确农村户厕改造目标任务和工作措施，北京市财政、卫生、农业农村等部门在改厕政策、资金保障以及技术指导等方面解决各区普遍存在的实际困难。从 2018 年起，北京市对 15.1 万户村民家的旱厕所进行了改造，建成水冲式卫生厕所，农村“厕所革命”基本完成。扎实推进农村厕所革命，完成 4828 座问题户厕整改。农村无害化卫生户厕覆盖率达到 99.3%，超额完成农村人居环境整治三年行动计划目标。

（二）农村生活污水垃圾治理协同推进

“十三五”以来，北京市不断加大污水处理及资源化利用设施建设和运行管理力度，稳步推进《北京市进一步加快推进城乡水环境治理工作三年行动方案（2019 年 7 月—2022 年 6 月）》工作任务，污水收集处理能力及资源化利用水平显著提升。“十三五”末，全市污水处理能力提高到 750 万立方米/日，污水处理率已达到 95%，新建改造再生水厂 40 座，建设改造污水收集管线超过 2000 公里，解决超过 1000 个村庄污水收集处理问题，再生水利用率超过 60%，基本实现污泥无害化处置。持续推进农村生活垃圾分类，全市生活垃圾处理基本实现行政村全覆盖。

（三）村容村貌整体提升

牢固树立“绿水青山就是金山银山”的发展理念，加快补齐基础设施和公共服务等突出短板，全力推进农村人居环境整治各项重点任务，推动城乡融合发展，完成2911个村庄规划和美丽乡村建设实施方案编制审批工作，村庄规划实现“应编尽编”。深入实施“百村示范、千村整治”工程，启动第二批1041个美丽乡村基础设施建设村，已整村完工953个村。2022年年底前基本完成乡镇国土空间规划编制工作。严格落实村庄规划管控，分类推进四类村庄建设。大力推进村庄和庭院整治，全面清理私搭乱建、乱堆乱放，整治残垣断壁。策划开展“百师进百村”活动，“一对一”助力各村实现乡村振兴。深入实施农村人居环境月检查、季全查、月调度机制，累计开展检查抽查12次，核查村庄2万余村次。加强乡村风貌管控，在9个区17个村组织开展农村住房质量提升试点，全面完成14个农房改善类试点建设，惠及3063户8000余人。完成年度煤改清能源65个村庄、约3.8万户改造任务，全市88.7%的村庄、93.1%的农村住户实现了清洁取暖。

二、农村基础设施和公共服务体系建设

（一）农村基础设施建设逐步完善

北京市人民政府办公厅关于印发《北京市乡村建设行动实施方案》明确提出行动目标：到2025年，基础设施补短板任务全面完成。持续推进“四好农村路”和城乡交通运输一体化示范创建，2023年建设“美丽乡村路”300公里。加强村庄排水设施建设，提高排水防涝能力。推动乡村信息基础设施提档升级，加快农村地区光纤宽带、移动通信网络普及与升级。目前已在北京地区建成并开通逾37000个5G基站，其中7500多个分布在乡村地区——基本实现乡镇驻地及以上区域5G连续覆盖，行政村5G覆盖率达到98%；行政村宽带个数覆盖率提升16%，覆盖户数提升15万户。

（二）城乡公共服务体系建设不断均等化

2022年北京市继续实施城乡一体的基础设施和公共服务规划，加大中心城区优质教育、医疗等资源向郊区辐射力度，着力解决服务“好不好”的问题。在教育方面，提高城乡义务教育投入保障水平，加大对生态涵养区倾斜力度。给予乡村教师岗位补贴，提高乡村教师队伍稳定性。实施城乡中小学一体化发展项目，支持95所城乡一体化、城区跨区“点对点”、通州与城区学校“手拉手”学校建设，提高乡镇、农村等地区办学水平，改善随迁子女学校办学条件。实施“文艺演出星火工程”“戏曲进乡村”和“农村电影放映工程”等项目，丰富农村地区文化生活。在医疗卫生方面，制定《北京市农村卫生室标准化建设工作方案》，组织各区开展村卫生室选址和相关设施配套建设等工作，650个卫生室空白村全面消除，实现卫生机构行政村全覆盖。设立市级基本公共卫生服务转移支付资金，完善城乡居民基本养老保险待遇确定和基础养老金正常调整机制，积极推进异地

就医联网结算。探索农村邻里互助养老服务点等互助型养老服务。健全无障碍环境建设管护长效机制，完善困难残疾人分级分类保障政策，完善社会救助兜底保障制度。依法完善人身损害赔偿制度，统一城乡居民赔偿标准。建立健全临时救助备用金使用管理制度。

三、乡村治理水平

（一）数字化赋能乡村治理

没有农业农村现代化，就没有中国式现代化。北京的农业是具有首都特点的都市型农业，是一头连着农民、一头连着市民的城乡融合农业，是科技含量较高的现代农业，是具有深厚历史底蕴的文化农业，也是建设宜居宜业和美乡村的生态农业。北京要率先基本实现中国式现代化，关键在于不断提升农业农村现代化水平，扎实推进“百千工程”，在更高水平上改善农村面貌、促进农村发展，努力走出一条具有首都特点的乡村振兴之路。北京市乡村振兴大数据平台移动端正式接入“京通”，平台通过电脑端和移动端同步为农业领域市场主体和社会公众提供农业农村各项业务办理、政策查询等服务。

（二）农村移风易俗不断推进

近年来，房山区水峪村持续开展移风易俗行动，制定完善村规民约，倡导尊老爱幼、家庭和睦、邻里团结、遵守社会公德等良好乡风民俗，用文明新风来抵制歪风邪气。怀柔区新时代文明实践中心秉承“文明润心、实践育人、中心铸魂”的工作理念，以“文明实践树新风·成风化俗沐怀柔”为主题，围绕“评、定、展、颂、传、亮”六字诀，推出“议事评新风、村规定新风、书画展新风、诗歌颂新风、祭扫传新风、引导亮新风”等系列移风易俗文明实践活动，使文明实践中心（所站）逐渐成为培养时代新人和弘扬时代新风的精神家园。门头沟区紧紧围绕全国文明城区创建标准，聚焦文明乡风建设，精心组织、周密部署、不断创新，扎实推进移风易俗走深走实，引导群众破除陈规陋习、弘扬文明新风、倡树文明新风，促进社会风气向上向善。丰台区大力推进村级红白理事会工作，进一步规范红白喜事的操办，积极倡导喜事新办、丧事简办、其他不办和勤俭节约、文明办事的社会新风尚，切实减轻村民负担，营造良好的人文环境。

四、乡村文化发展

（一）农村精神文明建设加强

多年来，北京市将文明创建与基层社会治理相结合，打造文明村镇，兼顾人居环境和产业增收。全国村级“文明乡风建设”典型案例，北京的村庄年年榜上有名。丰台区打造“百米文明画廊”，将街巷空间提升植入文明元素；怀柔区以“村规民约”培育文明乡风；房山区不断丰富新时代文明实践内涵，以榫卯为切入口，结合大美房山的文化古建筑，把“一盈一亏，互补共生”等处世哲学贯穿其中。积极建设新时代文明实践站、文化大院大戏台和棋牌室，为群众提供多样化的文化娱乐平台。在“七一”“十一”“九九重阳节”等节日举办文艺汇演，开展“水峪大讲堂”活动，实现文娱活动常态化，全村男女老幼踊跃参加。生态文明示范创建工作成效显著。平谷、延庆2区成功创建“国家森林城市”，密云、怀柔、门头沟、房山、昌平5区创建国家森林城市指标已达标，延庆、密云、门头沟和怀柔4区获评国家生态文明建设示范区，延庆、门头沟、密云、怀柔和平谷5区成功创建“两山”实践创新基地。

（二）农民丰收节助力保护传承优秀农耕文化

近年来，北京立足首都城市战略定位，扎实推进乡村振兴，积极探索“大城市带动大京郊、大京郊服务大城市”的城乡融合发展路径，走出了一条首善标准、首都特色的乡村振兴之路。金秋时节，在全国共庆丰收的喜悦时刻，为全力助推北京节庆文化和区域品牌提升，“新视听＋文旅乡村”合作品牌——“北京节节高”公益服务共同体积极响应举办2023年中国农民丰收节的号召，以顺义区木林镇大韩庄村为主会场，密云区溪翁庄镇金叵罗村为分会场，围绕营销助农、消费惠农、品牌强农的重点，以现场推介、连线探访、多点互动、融媒宣发的形式，开展了一系列精彩十足的丰收节活动，为全面推进乡村振兴战略、弘扬中华农耕文明和优秀传统文化注入强大动力。

第二章　北京都市型现代农业生产体系

第一节　“菜篮子”供给有保障 蔬菜产业高质量发展

一、“菜篮子”供给情况

（一）蔬菜产量回升，区域性特征明显

总体趋势上，蔬菜种植规模和总产量波动式下降，近年有所回升。种植规模和产量变动趋势相同，2020年开始蔬菜播种面积和产量出现恢复性增长，2022年由于对基本菜田的保护和管理、“菜篮子”优级标准化基地增加和“三百工程”的不断实施，播种面积恢复到2015年水平，2022年全市蔬菜及食用菌播种面积5.31万公顷，总产量198.9万吨，同比增长20.1%，每公顷产量37.45吨（见图2-1）。这与北京居民蔬菜消费结构息息相

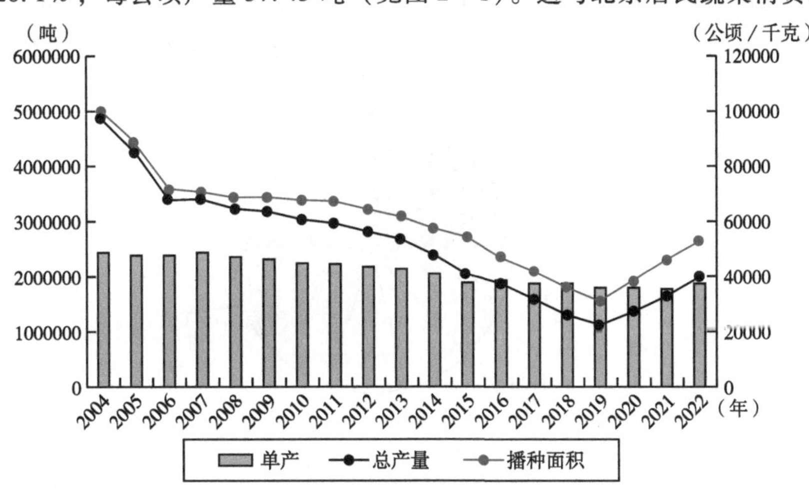

图2-1　2004—2022年北京蔬菜播种面积、产量、单产波动

资料来源：《北京统计年鉴》。

关。北京市消费量最大的 10 种蔬菜（白萝卜、菜花、黄瓜、大白菜、番茄、茄子、芹菜、土豆、圆白菜、云架豆）中主要仍以叶菜类、根茎类和茄果类为主。自产蔬菜供应渠道更加多元化，随着互联网电商的发展，市民对蔬菜产品的购买渠道有所变化，渠道由批发市场分流到超市和电商，北京自产蔬菜主要销售渠道为批发市场、菜市场和经纪人，分别占比 43.5%、15.4% 和 14.4%，合计占比 73.3%（见表 2－1）。

表 2－1　北京自产蔬菜销售渠道

销售渠道	批发市场	菜市场	经纪人	食堂	超市	电商
占比（%）	43.5	15.4	14.4	8.7	7.6	6.2

（二）蔬菜外埠供应充足，品类丰富多样

北京蔬菜生产结构的调整与优化使远郊区蔬菜产业发展迅速，北京共有 13 个区种植蔬菜，露地及设施蔬菜种植中 80% 以上分布在大兴区、通州区、顺义区、房山区和密云区 5 个区。

北京市蔬菜自给率在 16% 左右，市场上蔬菜来源以外埠为主，蔬菜来源地较为分散，由全市 7 大批发市场监测可知，北京市其他供给主要来源地以北方为主，其中山东占比 23.4%、河北占比 21.5%、湖北占比 9.1%，2022 年北京市批发市场蔬菜价格处于历史同期最高水平，凸显蔬菜供应总体趋紧，结构性、阶段性供需矛盾突出（见图 2－2）。主要蔬菜品类价格年度交替升降，从三大类蔬菜市场运行情况可以看出，2022 年较 2021 年，叶类蔬菜在市场中的占比有所上升，耐储类蔬菜上市量占比有所下降，茄果类蔬菜上市量占比变化不大。从价格变化来看，全年价格波动特征较为显著，2021 年叶类蔬菜价格同比上涨 23.8%，而 2022 年则同比下降 10.6%；2021 年耐储类蔬菜价格同比下降 2.0%，2022 年同比则上涨 14.6%；2021 年茄果类蔬菜价格同比基本保持不变，2022 年同比上涨 20%。从价格变化来看，蔬菜生产和种植的选择在一定程度上受到当年种植效益的影响，会倾向于种植当年效益较好的品种，而相对减少种植效益一般的蔬菜品种。价格变化较大

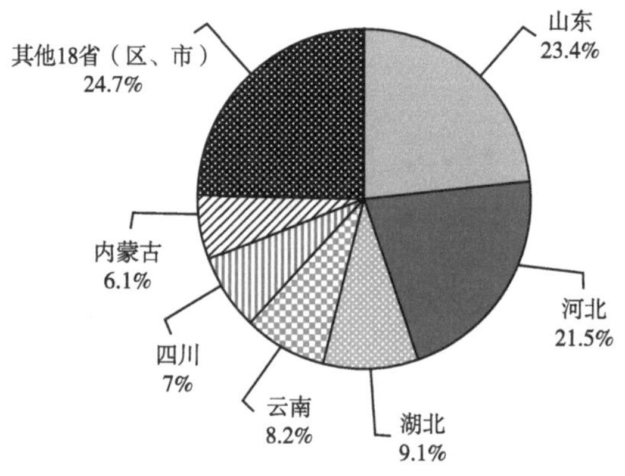

图 2－2　2022 年北京蔬菜供应来源地分布

资料来源：《北京市统计年鉴》。

程度取决于蔬菜供应结构变化，而蔬菜供应结构变化由生产主体对蔬菜品种种植意愿决定，因此蔬菜价格呈现大小年的走势。

（三）生猪产能加快恢复，肉类产品供应充足

生猪生产恢复较快，目前全国生猪存栏量已恢复到疫情前水平，供应总体有保障，猪肉市场供给充足，养殖户面临挑战。截至2022年年底，生猪存栏36.8万头，同比下降37.7%，出栏32.2万头，增长4.3%。猪肉、牛肉、羊肉三种肉类中猪肉产量占比最重，2016—2021年波动趋势大致相同，均呈先下降后回升态势，其中猪肉产量在2019年有较大幅跌落，主要是受生猪疫病和北京市调减畜产品生产能力的影响，北京市对养殖产业有所限制，2021年肉类产量才有所回升。批发市场猪肉上市量充足，2022年在北京批发市场上市的猪肉（白条猪）供给17.00万吨，日均上市46.6万公斤，同比下降8.0%，平均价格23.11元/公斤，同比下降2.3%。2022年猪肉价格经历了先降后升再降的走势，市场波动较为频繁和剧烈。上半年价格同比大幅下降，10月价格达到最高点33.7元/公斤后，猪肉价格持续下行，对消费者利好，而养殖户会面临挑战，有一定的经营压力，主要是屠宰厂点对点和外埠基地供应北京猪肉市场的猪肉价格下降。

2022年牛羊肉价格变化趋势基本相同，同比价格均有所下降。牛肉价格稳中有降，价格在67元/公斤左右波动，羊肉价格降幅较大，上半年价格持续下降到46.49元/公斤，随后下半年价格呈上升趋势，价格基本稳定在50元/公斤（见图2-3）。

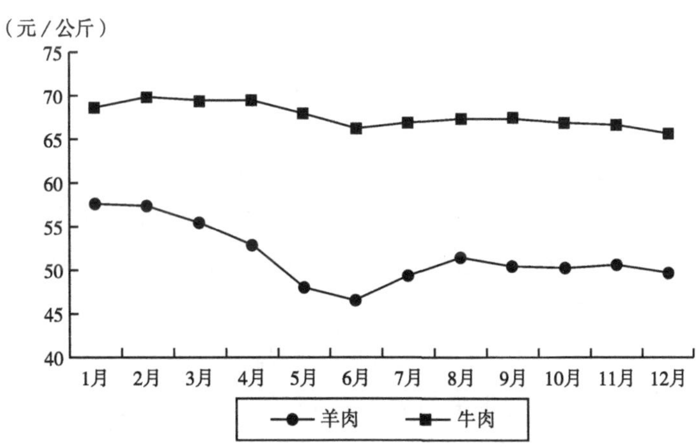

图2-3　2022年北京市牛羊肉价格月度变化

资料来源：北京市农业农村局监测数据。

（四）奶业产量再创新高，多项指标全国领先

据北京奶业协会统计，北京市奶源自给率在23%左右，2016—2018年北京市奶牛存栏量下降趋势明显，2018年后奶牛存栏量稳定在5.8万头左右。牛奶产量水平与奶牛存栏量变动趋势大致相同，近年均有上升趋势。截至2022年年底，北京市奶牛存栏量5.72万头，成乳奶牛2.9万头，实现牛奶产量26.2万吨，同比增长1.6%。北京市国有牧场现有奶牛2.5万头，成乳奶牛1.3万头，全市奶牛头年平均产量9.5吨/头，其中，国有奶牛场头年平均单产近12.7吨，高于全国平均水平38%，从质量指标来看，北京奶业各项指标均处于国内先进水平。在乳品加工方面，全市共有14家乳品加工企业，2016—2022年乳制品产量有下降态势，2022年乳制品产量大幅增加，年生产乳制品（折合生鲜乳）达70万吨，且产品种类繁多。

（五）鸡蛋和水产品供应持续波动，尚存提升空间

受新冠疫情的影响，以及部分养鸡场关停、淘汰蛋鸡等结构调整因素影响，家禽和禽蛋生产降幅明显，家禽出栏量同比减少15.4%，禽蛋产量同比减少6.6%。河北、内蒙古等地进京成本增加，导致2022年全市鸡蛋供应相对不足，价格较高，北京7大批发市场鸡蛋上市量3.57万吨，同比下降7.8%，平均价格10.04元/公斤，同比增长9.6%，后期通过调整政策，鸡蛋价格有所回落。水产品消费有所减少，2016—2021年北京市水产品总产量呈现波动增长趋势，峰值为2020年的22.81万吨，2021年水产品产量为16.62万吨，同比减少27.14%。北京市经济的快速发展使居民生活水平不断提升，消费结构不断优化和改善，水产品在膳食结构中的比重也在不断增加，进而推动了水产品总产量的不断提升。从批发市场来看，2022年北京市七大批发市场淡水鱼上市量5.28万吨，日均上市量14.5万公斤，同比减幅5.0%；平均价格为每公斤14.30元，同比降幅14.8%。

二、蔬菜产业提升行动效果明显

（一）蔬菜产业生产潜力预测

蔬菜生产潜力是指在理想生产条件下所能达到的最高理论产量。受多种因素影响，要达到最高理论产量有一定的难度。由于单产易得可算且有一定代表作用，且可以与各省份进行对比，因此研究将蔬菜单产粗略代表蔬菜生产水平来分析，比较国内各省份蔬菜单产与北京蔬菜生产水平的现实差距，这种差距可视为北京蔬菜生产水平的“潜力”，而且是通过技术措施可以实现的潜力。

单产水平 = 蔬菜产量/播种面积

蔬菜生产水平高于全国平均水平的省市有15个，北京市的蔬菜生产水平处于中等，位居全国第15，达36.72吨/公顷，在高于全国平均水平的省市中处于末位，低于黑龙江省生产水平的20.5%，未来通过提高生产科技水平等技术措施，将北京市蔬菜单产水平提升到目前黑龙江的水平是可以实现的。因此，将黑龙江省目前的蔬菜产量水平，单产44.25吨/公顷，作为北京2025年蔬菜生产潜力（Y_P）的估算依据较为合理（见图2-4）。

（二）北京蔬菜潜在自给能力分析

依据《北京市“十四五”时期土地资源保护利用规划》，到2025年全市蔬菜生产面积不低于6.67万公顷，收获指数（h）取2022年的播种面积/耕地面积的比值（1.46）（菜地39.29万亩，播种面积57.22万亩），则2025年北京市蔬菜产量为：

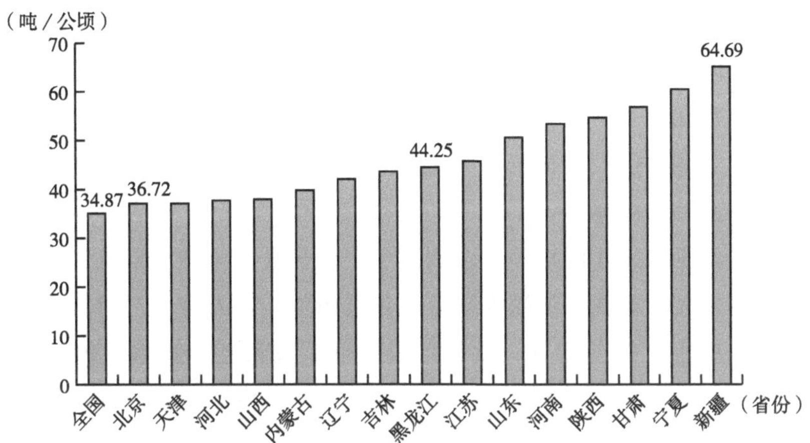

图 2-4　我国部分省份蔬菜生产单产水平比较

资料来源：中国统计年鉴。

$$Y_{2023} = S_{2025} \times Y_p \times h = 430.92(\text{万吨})$$

《北京市国土空间近期规划（2021—2025 年）》中提出，到 2025 年将北京市常住人口控制在 2300 万人以内，因此将 2300 万作为 2025 年北京市常住人口的预测数据。根据上述，北京市“十四五”期间蔬菜的潜在自给能力：

$$R_{2025}(\%) = Y_{2025} \times (1 - C)/(P_{2025} \times Q \times D) \times 100\%$$

其中，R_{2025}为 2025 年蔬菜自给率，Y 是蔬菜产量，P_{2025}为地区常住人口，数取 2300 万人，C 为蔬菜损耗率 25%（参照北京蔬菜种植以叶类和茄果类为主，叶类菜和茄果类菜损耗率为 14% ~36%，因此取平均值 25% 大致估计），Q 为每人每天的蔬菜需求量，D 为 1 年的天数（取 365）。假设 Q 不变，参照《北京市居民蔬菜消费调研报告》的数据 Q = 1.14 公斤每人每天，计算得出 R_{2025} = 33.8%。因此，如果将北京市蔬菜面积保持在 6.67 万公顷，并通过种植结构调整、科技支撑等方式将提高土地产出率，将单产水平提高到国内中上游水平，即较目前提高 20.5%，那么到 2025 年北京市人口达到 2300 万人时，蔬菜潜在自给能力将达到 33.8%。

（三）蔬菜产业政策发展潜力

持续支持设施蔬菜发展，关于设施蔬菜相关政策颁布较多，涉及配套资金支持，各区颁布的“十四五”规划中均有提及。例如，全市全面落实《关于促进设施农业绿色高效发展的指导意见》中明确了总体发展方向和目标，相继出台了《北京市菜田补贴实施办法》《北京市设施农业发展以奖代补实施办法（试行）》，加大设施农业扶持力度，还出台了《关于加强和规范设施农业用地管理的通知》和用地导则、《北京市高效设施农业用地试点工作方案（2020—2025 年）》和配套细则，细化设施用地备案程序及建设规范。2022 年新发布的《北京市设施农业发展以奖代补实施办法》政策中，还将资金补贴以奖励形式下发，鼓励设施蔬菜的发展，为蔬菜产业发展提供新型支持。

蔬菜产业发展趋于高效和绿色，2020 年发布的《关于促进设施农业绿色高效发展的指导意见》，中着重提出的“绿色”和“高效”，说明了对设施蔬菜的高品质、绿色生态发展提出新要求，深化农业供给侧结构性改革，强化“储菜于地，储菜于技”，提高蔬菜产品稳产保供能力。顺义区“十四五”规划中也提出，要建立绿色生态的高端农机技术装备供给，追求蔬菜高品质发展。

供给型政策中缺少对人才的培养，多侧重于产品开发与科技和信息支持，说明对蔬菜智慧化相关产品开发较为重视，但缺少对蔬菜领域相关人才的培养；对相关人员缺少技术培训指导，仅有一些生产指导意见，没有形成文件；蔬菜经营管理主体规范政策涉及较少，合作社方面，对专门规范相关蔬菜合作社发展的具体措施还有待颁布。未来要多鼓励人才的全面培养和指导。

（四）蔬菜产业提升方式

1. 加快设施蔬菜智能温室技术集成与创新应用，提升单产水平

聚焦高效设施蔬菜，开展新一轮设施蔬菜提升工程，增加单体设施面积，围绕高效设施农业发展，集成国内外最先进设施材料、设施设计、智能控制、高效生产、数字化管理等技术，实现一体化创新。在一体化创新的基础上，根据北京地区的自然条件进行技术突破，形成一系列可输出的技术与模式。新建智慧设施应用场景，以智能联栋温室等工厂化生产园区为载体，研发应用温室环境智能监控、智能节水灌溉、智能水肥一体化、蔬菜智能分拣、质量安全溯源等基于物联网的温室环境监测控制技术装备。在品种选择、环境控制、水肥一体化、病虫害综合防治、植株管理、新型省力设备和智能监控管理平台等方面构建系统配套的智能温室技术体系，形成可复制、可推广的工厂化标准生产模式。重点研究工厂化番茄、生菜、黄瓜的高产种植技术，提升高效设施蔬菜生产水平，在城市地下空间等非耕地开发和应用植物工厂，以显著降低劳动强度，应对气候变化、防灾减灾，确保蔬菜供应和质量安全。

2. 推进蔬菜高效茬口种植，提高复种指数

利用设施发展套种模式，早春种植，作物生长后期行间移栽春夏作物；秋后种植包括在夏秋后期播种或移植一季耐寒作物，充分利用光热资源，发展套种模式，越夏大棚套种一茬晚秋菜，秋季大棚果类菜套种晚秋菜，日光温室果类菜套种叶菜。制订不同类别蔬菜生产的地方标准，如生菜形成了北京市地方标准《结球生菜生产技术规程》对品种选择、播前准备、培育壮苗、整地栽植、温光调节、水肥管理、产品收获等安全优质生产流程进行规范，推广应用标准化套装技术，加快农业科技创新转化应用。

3. 加大蔬菜优质种质资源的挖掘与利用

开展北京特色优质种质基因资源的挖掘与利用，进行高效优质绿色品种筛选。利用北京市农作物种质资源库建设，对蔬菜种质资源开展精准的鉴定评价，筛选出具备高产、抗倒伏、抗病虫等特征的优质种质资源。发挥在京涉农高校、科研院所、企业研发机构等科

研创新能力，开展蔬菜品系改良与新品种培育及应用，利用农业生物基因组研究的新方法与新技术，有针对性地开发研究适合不同地区种植的高产、优质、高效、广适、宜机化等目标性状突出的新种质。聚焦北京“京味蔬菜”的恢复、挖掘、推广，如北京市农业技术推广站开始挖掘老口味蔬菜品种，并示范推广种植，恢复了“花叶心里美萝卜”“核桃纹大白菜”“柿饼冬瓜”等10余种老口味蔬菜品种，满足居民多样化需求，助推蔬菜产业升级。

4. 加强蔬菜领域人才队伍建设

加强蔬菜领域领军人才、创新创业团队培养，为蔬菜产业技术创新提供高端人才保障。依托高校、农业科研院所、龙头企业，建设蔬菜产业人才培养基地，构建产学研用联合培养的合作模式，加强对种菜大户、企业骨干等主要人员的培训，提升产业人才的整体素质。为农户提供技术指导，通过技术培训、专家特派、科技下乡等方式向农户传授先进蔬菜种植技术，从而达到有效提高单产的目的。

第二节　高标准农田建设稳步推进 助力实现首都农业升级

高标准农田是指土地平整、集中连片、设施完善、农田配套、土壤肥沃、生态良好、抗灾能力强，与现代农业生产和经营方式相适应的旱涝保收、高产稳产，划定为永久基本农田的耕地。

2022年以来，北京市将高标准农田建设作为“三农”工作中的一项重点工程，精心组织、科学规划，规范管理、狠抓落实，目前已完成4.3万亩高标准农田建设，超额完成年度4万亩建设任务。建成后的高标准农田将为北京市粮食安全生产、发展现代农业、促进农民增收提供有力保障。

一、加快推进高标准农田建设

北京市近年来对高标准农田建设速度逐渐加快，卓有成效。建设面积由2019年双河农场承担的建设2万亩增加到2022年全市10万亩，密云区2022年北京市高标准农田建设速度同比提升150%，建设范围也逐渐扩大（见图2－5）。分区建设来说，截至2020年年底，顺义区、密云区、怀柔区分别已建成高标准农田9.67万亩、5.16万亩、2.39万亩，建设稳步推进。

北京市农业农村局颁布《北京市高标准农田建设规划（2021—2030年）》政策条例，明确北京市到2030年全市建成高标准农田139万亩。怀柔、门头沟、密云、顺义、延庆

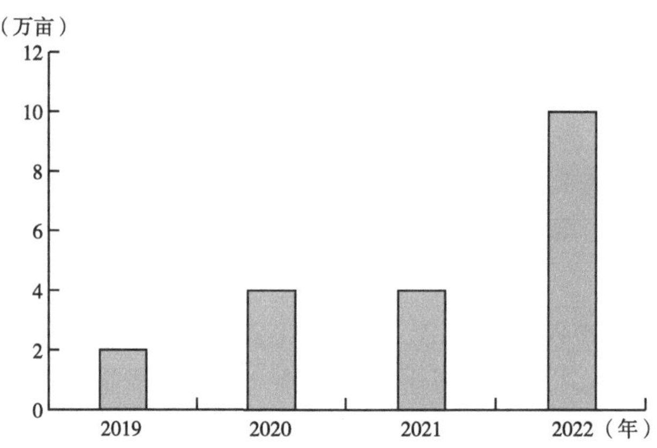

图 2－5　2019－2022 年北京市高标准农田建设情况

资料来源：北京市农业农村局。

和海淀这 6 个区也依据自身资源条件作出相应规划建设，建设主要分两个阶段，2021—2025 年和 2026—2030 年，可以看出北京市高标准农田建设主要改造区对高标准农田改造、建设和对高效节水灌溉建设的目标规划中密云区、顺义区、延庆区的任务较为艰巨，新建高标准农田建设均超过 5 万亩（见表 2－2）。

表 2－2　北京市 2021—2030 年分区高标准农田建设规划

项目阶段 / 地区	2021—2025 年			2026—2030 年		
	新建高标准农田（万亩）	改造高标准农田（万亩）	新增高效节水灌溉（万亩）	新建高标准农田（万亩）	改造高标准农田（万亩）	新增高效节水灌溉（万亩）
怀柔区	1.68	0.61	1.52	0.98	0.58	1
门头沟区	0.25	0.01	0.24	0.1	0.02	0.08
密云区	5.05	0.78	3.19	2.84	0.65	2.01
顺义区	6.64	2.23	4.52	2.96	2.33	3.82
延庆区	5.46	3.42	4.76	4.54	0.49	3.24
海淀区	0.37	0.06	0.2	0.43	0.11	0.17

资料来源：北京市农业农村局。

二、助力实现首都高效节水和农业增产

2022 年，北京市顺义区顺利建设完成了 2006 亩高标准农田。建设地块位于顺义区李桥镇，涉及王家场村、北庄头村、西大坨村、芦各庄村、北河村和沿河村共 6 个行政村。项目建设的主要内容包括：土地平整工程、灌溉与排水工程、输配电工程、田间道路工程、农田防护林工程等。通过实施高标准农田建设，项目区内灌溉基础设施得到了明显改善，大大提高了耕地的灌溉保证率和作物的水分生产率，同时灌溉技术水平、管理水平也

显著提高。项目采用喷灌和滴灌的高效节水技术工程，水利用系数从 0.5 提升到 0.85 ~ 0.9，将为项目区内每年新增节水量 22.09 万立方米；采用低压管道输水灌溉速度快，灌溉效率高，可缩短灌水周期，节省灌水用工，大田平均每亩可节省人工 1 个，设施蔬菜平均每亩可节省人工 3 个；通过科学的灌溉方法和作物灌溉制度，可有效挖掘作物增产潜力，大田每亩增产 100 公斤，蔬菜每亩增产 150 公斤。

三、助力实现京郊农民增收致富

2021 年，平谷区建成高标准农田 1109 亩，建设地点涉及大兴庄镇的大兴庄村、良庄子村、马昌营镇圪塔头村和马坊镇东店村 4 个村。主要建设内容为灌溉与排水工程、土壤改良与培肥工程、农田输配电等工程。为保障建设工程按时保质完成，平谷区在年初将高标准农田建设列入为民办实事工程，明确任务分工和目标任务，成立工作协调小组，项目建设严格按照“项目法人制、合同管理制、招投标制和工程监理制”进行组织实施，对建设过程中遇到的难点问题及时进行调度解决，2021 年 7 月在全市率先完成高标准农田建设。

项目实施地块秋季主要种植玉米，据初步测算，项目实施前，亩均产量 500 公斤，项目实施后亩均产量 600 公斤，亩均增产 20%。通过项目实施，项目区农业基本生产条件明显改善，抗御自然灾害能力显著增强，提高了土地利用率和产出率，农业增产、农民增收，夯实了平谷区乡村振兴基础，得到农民群众的广泛认可。2022 年，平谷区将继续加大高标准农田建设力度，计划新建高标准农田 4200 亩，改造提升 5000 亩。

四、科技赋能现代化智慧农业

2021 年，海淀区自 5 年前首次开展高标准农田建设并建成总面积 1657 亩后首次开工再建设，本次建设为时隔 5 年后再次开工建设。在本次高标准农田建设项目中，海淀区农业农村局坚持实事求是、因地制宜，在勘查、设计阶段多次组织设计团队实地考察，全面了解各个片区情况，分别在西北旺、温泉、苏家坨、上庄北部 4 镇 10 村，分 15 个片区建设了 2800 亩高标准农田。在高标准农田建设项目中，海淀区注重融入科技元素，提升高标准农田智能化管理水平。一是积极推进高效节水设施和自动化灌溉系统建设，创新性引进数字化监控设备加强农田管理。二是高标准农田范围内因地制宜地采用自动滴灌、喷灌、水肥一体化小首部等灌溉措施，提高水资源利用效率。三是在农田管理层面，海淀区以农业生产实际使用需求为导向，对各个片区工程项目进行个性定制，注重融入科技元素，创新性地在多个片区安装了太阳能 4G 监控设备共计 14 台，实现了使用、监管等多方足不出户，手机 APP 端即可实时查看农田、园区情况。后期，上述设备也将接入区智慧农业监管平台，实现数据共享，以大数据助力乡村振兴。

第三节　数字技术推动农业转型 实现农业精准化生产

数字化是信息技术、移动互联网、物联网、人工智能、大数据、云计算等技术的应用和不断融合发展的过程。对于数字农业农村来说也是伴随网络化、信息化、智能化在农业农村经济社会发展中的应用，而推动的农业农村现代化发展和转型进程，是农业生产要素、农业经营管理过程及乡村治理的数字化，是一场深刻革命。为推进北京市数字农业农村发展，2022 年，北京市农业农村局、中共北京市委网络安全和信息化委员会办公室联合印发了《北京市加快推进数字农业农村发展行动计划（2022—2025 年）》，对数字农业工作作出重要部署。

全面贯彻落实党中央、国务院关于实施数字乡村发展战略的决策部署，推动北京乡村数字基础设施建设取得新成效、智慧农业形成新气象、农村数字经济实现新突破、乡村数字治理迈上新台阶、乡村网络文化展现新风貌，实现“十四五”良好开局。

一、以科技创新打造北京智慧农业高地

北京市近年来积极发挥数字经济标杆城市作用，充分发挥国际科技创新中心定位功能，坚持“大城市带动大京郊、大京郊服务大城市”战略，以科技创新打造智慧农业高地，用数字赋能农业农村高质量发展，为首都乡村全面振兴注入新动能。

2012—2021 年，北京农业科技进步贡献率从 69% 上升到 75%，高于全国 14 个百分点；主要农作物耕种收机械化率从 70.5% 提高到 93.0%。到 2025 年，北京市农业科技进步贡献率将达到 77%，设施农业机械化率将达到 55% 以上，良种覆盖率将提升到 98% 以上。在推进国际科技创新中心建设和全球数字经济的标杆城市进程中，北京市委、市政府高度重视农业科技创新，从 2020 年起着力推动农业中关村建设，打造引领国家农业科技发展的平台。丰富的科研资源、顶尖的科研人才，再叠加建设国际科创中心和全球数字经济的标杆城市的政策优势，让北京成为智慧农业最活跃的创新沃土。

近年来，北京市持续推进乡村数字基础设施建设，宽带、网络无处不在。平谷、密云、门头沟等 13 个区开展“智慧乡村”建设，全市所有行政村实现宽带网络基本全覆盖，涉农区电商服务站覆盖率达 83.9%，乡村治理和公共服务精细化水平也得到了明显提升。通过“北京农业科技大讲堂”“全国农业科教云平台”等，重点面向新型职业农民、农村实用人才、返乡创业人才等主体提供培训服务，以专家网上授课、远程坐诊答疑、进村入户指导等多种方式，帮助农民快速融入信息化时代。

二、数字发展推动农业生产关键技术取得新突破

北京市数字农业农村工作在数字底座和基础支撑、农业产业数字化、乡村治理数字化、数字惠民等多个方面已开始取得成效。农业农村部信息中心监测数据显示，2022 年北京市数字农业农村总体水平比 2020 年提升 5.33 个百分点。北京市农村地区固定宽带通达率和光纤网络行政村通达率均达到 100%，涉农区菜田信息化应用覆盖率超 30%。朝阳区、海淀区国家数字农业创新应用基地已经完成建设，北京市乡村振兴大数据平台（一期）“数据一仓库”和“决策一张图”已经建成，正在不断推进涉农数据跨部门共享和有序开放。2023 年，北京将多方面发力，推动数字技术与生产经营、行业监管、公共服务、乡村治理等深入融合，数字农业农村关键核心技术取得新突破，力争智慧农业发展水平比去年再提高 8.4 个百分点，数字乡村发展水平比去年提高 6 个百分点。

三、乡村振兴大数据平台加快推进数字农业农村建设

北京市乡村振兴大数据平台建设不断取得新进展。该平台采用“数据一仓库、管理一平台、决策一张图、应用一掌通”的总体框架，将整合市级农业农村部门现有信息系统，完善农业农村数据标准，汇聚形成市、区、乡镇、村各级有关农村生产、生活和管理的数据集，实现农业大数据在农业产业链各环节及乡村治理中的深化和创新应用，为管理者和经营主体提供精确、动态、科学的全方位涉农信息服务，并对接北京市大数据平台和国家农业农村大数据平台，推进涉农数据跨部门共享和有序开放。

北京市乡村振兴大数据平台（一期）“数据一仓库”和“决策一张图”已经建成，正在不断推进涉农数据跨部门共享和有序开放。按照计划，到 2025 年，北京市将全面建成乡村振兴大数据平台，智慧农业发展水平提高到 67.5%，数字乡村发展水平由 2020 年的 44.9% 提高到 74.5%。2023 年，北京市数字农业农村重点工作主要包括：夯实数字底座和基础支撑，全面提升乡村产业数字化水平，推进乡村治理数字化、乡村服务数字化，加强农业信息化技术研发和转化应用等方面。

四、智慧农业信息化建设促进基础设施提档升级

作为首都和全国科技创新中心，北京市积极发挥数字经济标杆城市作用，坚持“大城市带动大京郊、大京郊服务大城市”战略，以科技创新打造智慧农业高地，用数字赋能农业农村高质量发展，为首都乡村全面振兴注入了数字动能。目前，北京市的人工智能、5G、物联网、北斗、大数据、区块链等新一代信息技术在农业领域的应用，推进了农业生产经营和管理服务数字化改造。到 2025 年，主要农作物耕种收综合机械化率以及秸秆综合利用率达到 98% 以上，畜牧养殖机械化率达到 75%，设施农业机械化率达到 55%。

近年来，北京在平谷、密云、门头沟等 13 个区县开展“智慧乡村”建设，围绕乡村

信息基础设施、产业发展、乡村治理、公共服务、村民信息化能力培养等方面持续推进，实现对农业、农村、农民的全方位管理与服务和对生产、生活、生态的全链条监测与控制，带动了一二三产业融合发展，村域信息化基础设施得到有效改善，全市所有行政村实现宽带网络基本全覆盖，13 个涉农区互联网普及率达到 80.6%，涉农区电商服务站覆盖率达 83.9%；乡村治理和公共服务精细化水平明显提升，农民信息化应用能力显著提高。

从全国 31 个省（区、市）推荐的案例中，农业农村部遴选发布了 149 个智慧农业典型案例，在智慧种植领域中，北京两处园区企业榜上有名。在智慧种植领域，北京市海淀区西北旺镇百旺农业种植园为入选案例之一。2020 年北京首个 5G 高架无土栽培草莓智能温室也正是在百旺种植园建成。园区内的“智慧农园”由数字管理系统、智能生产设施、智能控制策略、标准化生产规范等环节组成。北菜园有机蔬菜生产，通过互联网建立了消费者和生产者之间的直接联系，并在资源管理模块实现种植全过程的实时监控，运用了大数据和云存储技术，改变过去通过二维码只能得到产地信息的情况，实现农产品生产全过程可追溯。

第三章　北京都市型现代农业产业体系

第一节　建设都市型现代农业 促进农业高质高效发展

科技创新驱动都市型现代农业发展的能力持续提升，乡村产业振兴总体开局良好。进入“十四五”时期以来，科技创新和农业发展面临着新形势和新变化，北京市服务国家农业科技自立自强，把农业科技创新纳入北京国际科技创新中心建设战略，着力推进自主创新和原始创新，强化现代农业科技和物质装备支撑，建设现代农业“中关村”。

一、现代种业发展

北京具备众多科技与人才资源优势，可以打造现代种业发展高地，着力建设“种业之都”，打好种业翻身仗。加大地理标志产品保护技术研发和品种选育，培育绿色高效、适宜轻简化栽培及全程机械化生产方式的农作物新品种，落实建立市级农业种质资源保护体系。聚焦有创新基础的玉米、小麦、蔬菜、种猪、蛋鸡、奶牛、北京鸭、桃、乡土树种等优势物种，选育推广一批都市精品籽种和林木良种。促进科企深度融合，培养一批在全国有影响力的现代种业企业，建立健全商业化育种体系。

（一）北京种业生产概况

从品种结构来看，农业方面，2022 年小麦种实现产量 500000 公斤、玉米种实现产量 68000 公斤，蔬菜种实现产量 9337 公斤，分别为 2021 年产量水平的 90.9%、108.3% 和 19.5%，其中蔬菜种存在较大缺口，后期应加强蔬菜种生产水平进而提高产量。林业方面，2022 年栽种树苗 2028.1 百株，为 2021 年水平的 39.5%。畜牧业方面，2022 年种猪实现产量 34123 头，种雏禽实现产量 1433.2 万只，种蛋实现产量 19203.7 万枚，分别为 2021 年水平的 112.8%、78.3% 和 82%。渔业方面，2022 年种鱼苗实现产量 6431.8 万尾，为 2021 年产量的 63.6%（见表 3－1）。

表 3－1　2022 年北京种业生产情况

项目	产量		收入（万元）	
	2022 年	同比（%）	2022 年	同比（%）
合计			89448.2	75.1
农业			13080.5	99.9
小麦种（公斤）	500000	90.9	140.0	104.3
玉米种（公斤）	68000	108.3	54.9	121.7
蔬菜种（公斤）	9337	19.5	688.0	27.5
林业			3598.3	171.5
树苗（百株）	2028.1	39.5	3598.3	171.5
牧业			71225.2	70.6
种猪（头）	34123	112.8	8931.7	60.7
种雏禽（万只）	1433.2	78.3	25709	63.0
种蛋（万枚）	19203.7	82.0	22424.4	76.7
渔业			1544.2	50.9
种鱼苗（万尾）	6431.8	63.6	1544.2	50.9

资料来源：北京市统计局。

（二）粮食育种创新成果

研制出玉米全基因组高密度 SNP（单核苷酸多态性）芯片 Maize6H－60K，玉米国审品种数量位于全国前列。构建了国内首个实现共享的玉米 DNA 指纹数据库，库容量达到 10 万份，并广泛应用于品种区试审定、种子市场监督抽查、种子质量管理、品种权保护和司法鉴定中。建成亚洲最大天敌昆虫种质资源库，保有天敌昆虫 30 余种 150 多个功能品系。自主创新选育的京科系列玉米品种推广面积占全国玉米种植面积的 18% 以上，京科 968 作为全国玉米主导品种之一，累计推广超过 1 亿亩，MC670 创下亩产 1663.25 公斤的最新全国玉米高产纪录；京农科 728 等系列早熟宜机收玉米新品种被遴选为 2020 年中国农业农村十项重大新产品；国内首个大型商业育种软件“金种子育种云平台”在 300 多家育种单位得到应用，为商业化育种提供了信息化解决方案。但是北京市种业发展还存在以下问题：亟须选育、引进和筛选适宜机械化、轻简化、规模化种植的玉米、小麦、甘薯、谷子等农作物新品种。

（三）特色作物品种

北京市的特色作物以草莓和西甜瓜为主，作为都市农业发展的重要组成部分，产学研紧密结合，逐渐形成优质、高效的绿色生态产业。草莓在北京各区均有种植，总面积 1.28 万亩，年产草莓 1.95 万吨，总产值超 5 亿元，顺义、昌平、平谷、通州和密云等区的种植面积较大。全市西甜瓜种植面积为 3.93 万亩，年均产量 12.7 万吨，产值约 6.3 亿元，优势产区集中在大兴和顺义。

北京地区草莓生产的主要品种为日韩系品种，包括红颜和圣诞红等，种植面积占比97.2%。通过多年的选育和推广，部分国有品种如白雪公主、小白草莓、越心和粉玉，逐渐为种植者所认可。西瓜品种主要有中大型有籽西瓜、小型有籽西瓜等5种类型（见表3-2）。“超越梦想”“京美2K”“L600”和“京彩1号”等小型西瓜品种在北京地区推广面积覆盖率由2016年的78.7%上升到2020年的92.6%，主产区大兴区的覆盖率超过95%，“京嘉”“京美”系列品种成为中型西瓜主导品种。为解决北京的多元化需求，创新种质资源，北京市累计引进国内外草莓品种40个，筛选出优良品种8个——圣诞红、越心、醉霞、白雪公主、光点、弥生姬、香野和红玉。以“优质”“多样”“特色”“高端”为目标，累计引进西甜瓜新品种184个，示范推广“京美系列”“京彩系列”“佳丽系列”和“维密”等西甜瓜品种130个。

表3-2　　北京市特色作物品种

特色作物	优质品种
草莓	白雪公主
	小白草莓
	越心
	粉玉
西甜瓜	超越梦想
	京美2K
	L600
	京彩1号

（四）食用菌品种

2021年，全市食用菌总种植面积2.69万亩，占全市蔬菜播种面积的3.9%；产量达到6.9万吨，占全市蔬菜产量的4.7%，亩均效益可达3万元以上。食用菌已成为北京市“菜篮子”和应急供应保障的重要组成部分，满足了首都市民对农产品的多元化需求。北京市食用菌育种技术也实现了创新，改造质粒载体pCAMBIA1302，实现与双孢蘑菇热休克蛋白基因（Hsp20）的重组，构建了农杆菌介导的香菇遗传转化体系，转化子萌发率由16.5%提高到29%。选育12个具有自主知识产权的优良品种，其中自主选育平菇品种4142、4195推广5500亩以上，市场应用率达21%（见表3-3）。

表3-3　　北京市食用菌品种情况

食用菌	品种名称
常见食用菌	平菇
	香菇
	灰树花

续表

食用菌	品种名称
特色食用菌	栗树蘑
	猴头菇
	黑木耳
	竹荪
	羊肚菌
	黑皮鸡枞

目前，北京市食用菌品种主要面临优良菌种相对较缺乏，食用菌栽培以木腐菌为主，本地原材料未得到充分利用，菌种是食用菌产业发展的“芯片”和“源头”，现有主栽食用菌栽培品种基本源自国外引进，品种自主研发能力较弱，缺乏目的性状的特异性筛选标记，育种工作极其迟缓，产业内缺乏拥有自主知识产权的新种和良种。

（五）家畜品种

在生猪方面，良繁体系建设不断完善与优化，目前北京市拥有国家级核心育种场3家，分场27家，基础母猪3万头，年供种能力20万头，种猪销售辐射全国。但目前仍存在育种基础工作相对薄弱，种猪生产性能有待提升，育种机制不完善，自主创新能力不强等问题。受北京市畜禽养殖政策与非洲猪瘟的双重影响，北京市2017—2022年生猪出栏数急剧下降，2021年较2017年同比下降87.2%（见图3－1）。

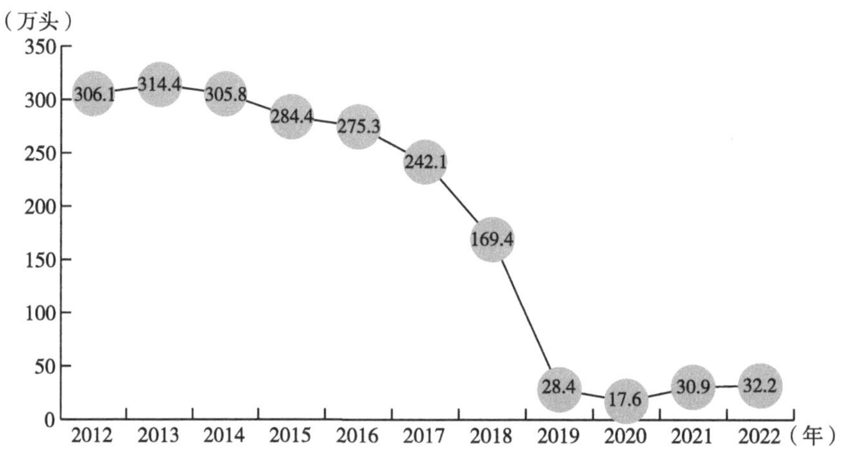

图3－1　北京市生猪出栏总量

资料来源：北京市统计局。

在奶牛方面，进一步巩固了全国最大、遗传水平最高的奶牛良种繁育体系及供种基地，年改良奶牛200万头，建立了全国规模最大的荷斯坦牛联盟育种群体，初步建成覆盖北京、河北、河南等地的奶牛育种数据体系，覆盖核心育种群体规模达8万头（其中成母牛 4.3 万头），辐射其他省份群体 3 万头（其中成母牛 1.6 万头），形成了总规模达 11 万头的奶牛良种繁育体系，并具备了优秀荷斯坦种公牛自主培育能力，年培育种公牛 60 头。但在育种领域，对标奶业发达国家仍缺乏国际竞争力，奶牛育种基础还相当薄弱，在育种资源、关键技术等方面都存在不同程度卡点或短板，可用于种牛选育的育种资源群严重匮乏，育种核心群和基因组选择参考群体规模小，育种基础数据少，选育准确性不高，选育性状少，表型测定技术落后，繁殖效率、长寿性、饲料转化效率、甲烷排放等重要功能性状缺失。2021 年北京市奶牛存栏量为 5.8 万头，较 2012 年减少 9.3 万头，减幅 61.5%，2020—2022 年北京市奶牛存栏规模稳定在 5.8 万头左右（见图 3－2）。

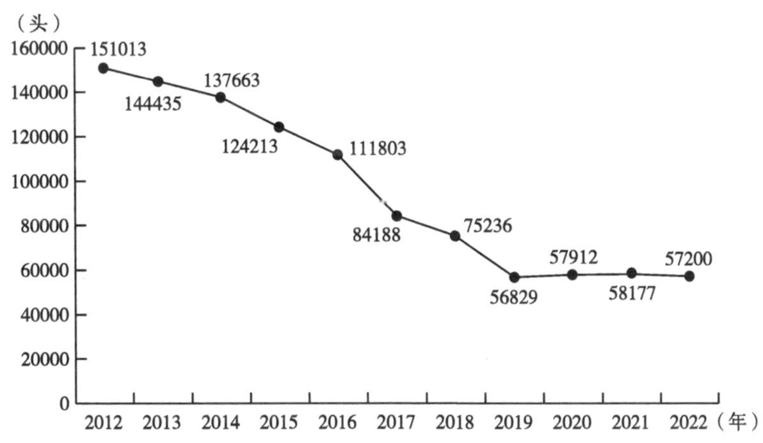

图 3－2　北京市奶牛存栏总量

资料来源：北京市统计局。

（六）家禽品种

北京市现饲养的家禽品种主要为蛋鸡、白羽肉鸡、北京鸭、北京油鸡和肉鸽，其中蛋鸡饲养规模最大。2022 年一季度末，北京市家禽存栏量为 882.26 万只，其中蛋鸡存栏量 850.65 万只、肉鸡 24.72 万只、肉鸭 6.89 万只。2021 年，北京市禽肉产量 11289.91 吨，禽蛋产量 93500.99 吨，其中鸡蛋产量 92385.42 吨，鸭蛋产量 1036.81 吨。

北京市的家禽种业在全国享有很高的声誉。北京鸭、北京油鸡是驰名海内外的我国著名地方品种，经多年选育改良，品种质量有较大提高，产业发展逐年壮大。以北京鸭为素材培育出了“Z 型北京鸭配套系”“南口 1 号北京鸭配套系”、草原鸭等配套系；经选育改良的经典型北京油鸡外观独特、肉质优良，也推广到了全国大部分省市，形成北京油鸡特色养殖产业。

北京市培育的“京系列”“农大系列”国产蛋鸡品种在全国占有 50% 以上的蛋鸡市场。在肉鸡领域，新培育出了我国首个小型白羽肉鸡品种“WOD168”和白羽肉鸡品种“WOD188”，虽然市场占有率还不高，但打破了国外市场对白羽肉鸡的垄断。

在肉鸽育种方面，北京培育成功了第一个肉鸽配套系“天翔 1 号”肉鸽配套系，极大地促进了北京鸽业发展。

（七）渔业品种

2021 年北京市淡水养殖产量 1.17 万吨，捕捞 1.01 万吨（淡水 0.265 万吨，远洋 0.747 万吨），其中青、草、鲢、鳙、鲤、鲫和鲂鱼等大宗淡水鱼类产量约为 1.06 万吨，约占养殖总产量的 91%；鮰鱼、鲈鱼、黄颡鱼、泥鳅、鲶鱼、罗非鱼和鳖的产量约为 550 吨，约占养殖总产量的 4.7%；虹鳟 127 吨，鲟鱼 376 吨，约占养殖总产量的 4.3%；观赏鱼约 2 亿尾。北京市鲟鱼苗种产量占全国的 70% 以上，鲑鳟鱼二倍体苗种占全国 40% 左右，鲟鱼和鲑鳟鱼商品鱼合计产量约为 500 吨/年。2012—2021 年，北京市种鱼苗的产量与收入成正比，整体呈现出下降的趋势，2012 年产量与收入达到最高值，2020 年产量与收入达到最低值（见图 3－3）。

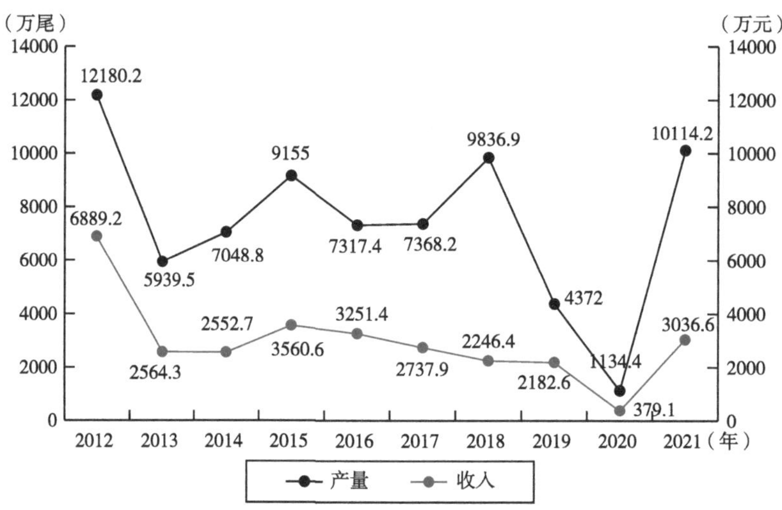

图 3－3　北京市种鱼苗生产情况

资料来源：北京市统计局。

二、现代农业产业园区建设

北京市发布《“十四五”时期乡村振兴战略实施规划》中，提出要着力打造农业“中关村”，加快建设以农业科技创新中心为引擎的平谷农业科技创新示范区，在全市形成“一核多辐射”协同创新发展格局。认定 100 个市级现代农业科技示范展示基地，示范带动全市农业科技水平提升。平谷区以农业科技创新示范区建设为主线，以科技创新为驱动，统筹科研平台、创新要素、成果转化和产业发展，以农业科技创新引领一二三产联动发展，加快建设绿色技术创新集聚区，打造农业科技创新高地。北京·京瓦农业科技创新中心投入运营、搭建国际交流平台，加快建设科技小院等配套服务设施，启动国家农业高技术产业园区创建工作等。

（一）建设建成省部级重点实验室

北京市重点实验室是北京市科技创新体系的重要组成部分，是研究前沿技术、共性关键技术，引领行业技术创新，提升北京市科技攻关能力的重要平台。目前北京市围绕聚焦现代种业、高效农业设施、智能装备、数字农业等重点领域，建设的省部级重点实验室主要集中在高校与研究所，如北京大学、中国农业大学等。“十四五”时期将继续加大建设北京市省部级重点实验室，整合优质资源，助力乡村振兴战略发展。

（二）建设农业科技综合试验站

无论是建设省部级重点实验室还是农业科技综合试验站都是为了推广科学技术，加快创新驱动，推进农业科技创新研发，促进北京市现代农业的发展。北京市各区分布数量不等的农业科技综合试验站，如昌平区的“北京农机试验站”、通州区的“北京市农林科学院通州农业科技综合服务试验站”、朝阳区的“北京市农业技术推广站”等。

（三）建设国家现代农业技术示范展示基地

北京市提出“十四五”时期认定100个市级现代农业科技示范展示基地，示范带动全市农业科技水平提升。示范基地是农业科研单位开展农业科技推广工作的最主要、最常见形式。但大多数还不具备可持续发展能力，一旦科研项目任务完成了，示范基地也就逐渐变成了“空壳子”。近年来，北京市农林科学院建立双百基地367个，累计推广300多种优新品种（系），示范一批高效生产和质量控制技术，对京郊玉米、小麦品种更新换代起到积极作用，抗旱品种普及率达到80%以上。如位于昌平区小汤山镇的国家精准农业研究示范基地开展“种质资源评价－品种选育－品种审定和保护”育种产业链技术创新。

（四）建设国际农业科技创新中心

作为正在建设的国际科技创新中心，北京市创新要素集聚度高，科技创新能力强，创新成果资源丰富，为科技支撑都市型现代农业发展奠定坚实基础。总体来看，北京农业正在经历规模止跌回升，质量持续提高的过程，以需求为导向开展跨部门、跨学科、多种形式、多个层面的协同创新。如建设了13个现代农业科技创新团队，集聚一批农业科技领军人才，实施“揭榜挂帅”机制，激发人才创新活力。

到2025年，全市农业科技进步贡献率提高到77%。农业科技体制机制进一步探索成果权益分享、转移转化和完善科研人员分类评价机制，明确科技人员兼职取酬、成果作价入股等事项，加大科研成果权益分配的激励力度。提升科技特派员服务响应能力，建立科技人员与行政村“一对一”联系对接服务机制。深化农业科技人才职称制度改革，支持农业技术人员将论文写在京郊大地上。支持农业科研院校及相关站所与各类示范区、产业园、特优基地、专业村镇等对接合作，开展技术示范与推广。

三、特色农业产业品牌建设

（一）保护地标农产品金字招牌

多年来，北京市农业农村局深入实施乡村振兴战略，持续深化农业供给侧结构性改革，不断推动农业高质量绿色发展，把农产品质量安全作为民生工程，全力打造北京“安全农业”品牌。为全面提升农产品质量安全水平，北京市以创建“国家农产品质量安全市”、建设“北京农产品绿色优质安全示范区”为引领，突出优质、安全、绿色导向，强化农业生产环境保护和农产品质量监管，大力推进农业标准化生产，加大绿色优质农产品生产有效供给，确保农产品质量安全。

近年来，北京市农业农村局大力开展农业品牌建设的同时，高度重视农产品地理标志登记工作，深入挖掘、培育了独具地域特色的传统优势农产品品牌，包括延庆国光苹果、安定桑椹、昌平草莓、通州大樱桃、妙峰山玫瑰、海淀玉巴达杏、延怀河谷葡萄、泗家水红头香椿、京西稻、庞各庄金把黄鸭梨、茅山后佛见喜梨、北京鸭、上方山香椿和北京油鸡共 14 个地理标志农产品，增强了农产品的市场竞争力，提升了农产品品牌质量，也实现了农业增效、农民增收。

首都农业通过创新驱动，全力打造北京“安全农业”品牌，促进农业高质量发展，奏响了新时代品牌强农、助力乡村振兴的华彩乐章，为建设国际一流的和谐宜居之都，确保市民“舌尖上的安全”提供了有力支撑。

（二）擦亮“优农”精品品牌

为贯彻乡村振兴战略，加快实现首都农业农村现代化，北京市落实“建立北京优农品牌目录，培育提升品牌价值”的要求，启动“北京优农”品牌认定工作，截至 2022 年共认定 156 个品牌，建立了《“北京优农”品牌目录》，打造首都农产品新名片，并通过组织一系列推广活动助力产品消费。2023 年“北京农业在社区”启动仪式在北京奥林匹克塔前成功举办，30 家“北京优农”品牌农产品，通过线上线下相结合的方式开展了品牌农产品营销活动。活动现场吸引了 1 万余人参展消费，达成总体销售额 255 万余元，可谓成果丰硕，有效地助力了农民增收，通过不断提升服务品质，强化优质品牌农产品供给，与广大居民朋友们携手同行，不断擦亮“北京优农”金字招牌。

四、乡村特色产业

为培育发展乡村特色产业，促进农业和乡村经济的健康、平稳发展，必须有一定的优势产业，而“一村一品”是培育发展专业化、特色化、规模化优势产业的重要途径。发展“一村一品”是北京市发展都市型现代农业、建设社会主义新农村的基础性工程。目前，北京市“一村一品”发展取得了长足的进步，涌现出越来越多具有一定区域化规模和专业化程度，特色鲜明、类型多样、带动力强的专业村，都市型现代农村产业发展新格局业已形成，目前，北京共有 12 批共 94 个村镇被认定为全国“一村一品”示范村镇。

（一）“一村一品”创建数量有所回落

北京郊区特色农业众多、资源丰富，具备发展具有乡村性、本地化的特色农业的基础，北京都市型现代农业的快速发展使得北京市“一村一品”的发展优势越发明显。截至2022年，农业部累计进行了十二批次全国“一村一品”示范村镇评选，北京市94个村镇获得国家级“全国‘一村一品’示范村镇”称号。北京市“一村一品”数量呈波动式增长态势，第三批至第九批“一村一品”数量增长较快，均在8处及以上，而近年来北京市“一村一品”数量明显回落，第十批和第十一批均为4处，第十二批仅为3处，由此可见，北京市“一村一品”在经历快速发展期后，发展趋缓（见图3-4）。

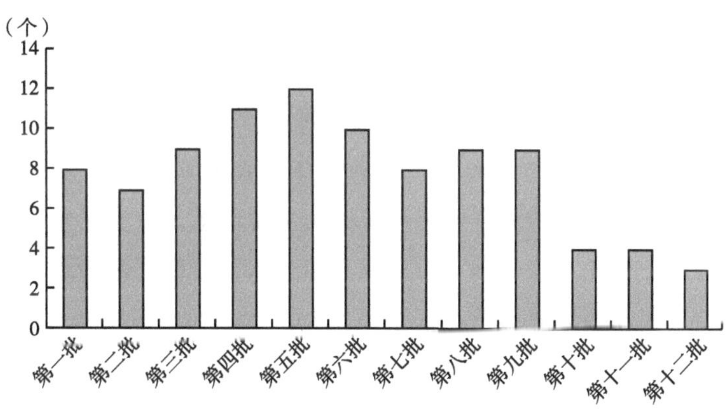

图3-4　北京市“一村一品”每批次数量

资料来源：北京市统计局。

（二）“一村一品”建设转向休闲农业

北京市“一村一品”在前七批次的认定中，认定产品以农产品为主，辅之以小型加工业。第七批次开始，与休闲农业相关的认定开始增多，2021年公布的第十一批“一村一品”名单中，北京市共4处上榜，其中关于休闲旅游的认定数量达50%（见表3-4）。一方面体现出北京市休闲农业的快速发展，另一方面体现出北京市都市型现代农业的功能定位正在不断凸显。

表3-4　北京市“一村一品”休闲农业类一览表

批次	村落	产品
第七批	北京市大兴区青云店镇东辛屯村	民俗旅游
第九批	北京市延庆区刘斌堡乡下虎叫村	民宿
第九批	北京市昌平区十三陵镇仙人洞村	民宿
第十一批	北京市平谷区峪口镇东凡各庄村	休闲旅游
第十一批	北京市延庆区井庄镇柳沟村	休闲旅游
第十二批	北京市房山区周口店镇黄山店村	休闲旅游

第二节　乡村休闲旅游精品创建 带动一二三产融合发展

在深入推进乡村振兴战略的时代背景下，北京根据“大城市小农业”和“大京郊小城区”的基本城乡条件，重点打造建设十余条休闲农业优质线路、创建百余个美丽休闲乡村、提升千余个休闲农业园区、改造近万家民俗接待户，重点实施京华风貌、乡韵风俗、乡韵风味、京华风情、京华风尚五大重点工程，休闲农业在北京的发展中发挥着重要作用。北京休闲农业以农业观光园和京郊民俗旅游为主要业态，农业观光园呈现“产品消费外扩与食宿消费内聚”现象，民俗旅游时空演化向生态涵养区不断趋近，休闲农业和乡村旅游的消费市场呈现向外部扩散趋势。

一、休闲农业

（一）休闲农业观光园提质升级

2012—2016 年，北京市休闲农业观光园个数基本保持在 1300 个左右，2016 年以来，北京市为推进供给侧结构性改革，打造优质农业观光园，关停一批初级农业观光园，观光园数量呈现连续下降趋势。截至 2020 年年底，休闲农业观光园提质升级，全市有农业观光园区 925 个，2022 年休闲农业园区突破千个，新增 84 家休闲农业星级园区，休闲农业发展持续向好，呈现波动式回暖（见图 3－5）。

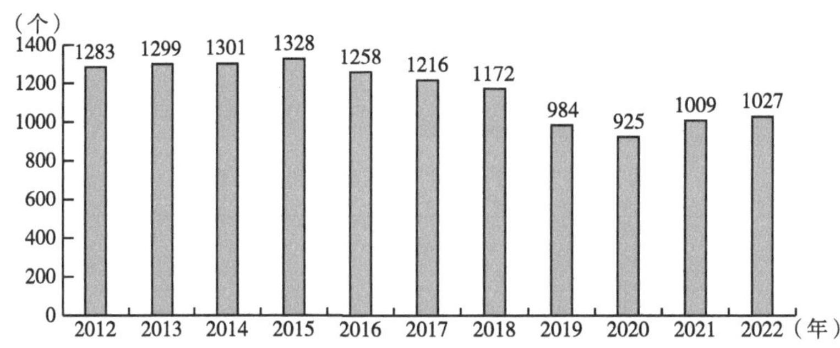

图 3－5　2012—2022 年北京市农业观光园数量

资料来源：《北京市统计年鉴 2013—2022》。

2012—2016 年，北京市农业观光园接待游客总体呈现上升趋势，从 2012 年的 1939.9 万人，上升到 2016 年的 2250.5 万人。分阶段来看，2013 年之前，北京市休闲农业观光园接待游客人次连续增长，2013—2015 年基本维持不变，2016 年达到最高点 2250.5 万人后开始下降，2020 年受新冠疫情的冲击，大幅度降至 867.2 万人次；在营业收入方面，总体来说，2012—2017 年，北京市农业观光园营业总收入整体呈上升趋势，2017 年达到峰值 29.9 亿元，2018 年、2019 年则有所下降，2020 年大幅降至 15.5 亿元，同比减少 33.2%。营业总收入虽然呈下降趋势，但人均消费自 2016 年起有一定程度增长，2020 年人均消费较上年增长 17.9%，人均消费水平显著提升。随着疫情防控形势向好，市民对乡村休闲旅游消费需求逐渐回暖，自 2021 年起，休闲农业观光园接待人次与经营总收入恢复增长，截至 2022 年，农业观光园 1027 个，实现总收入 18.4 亿元（见图 3－6）。

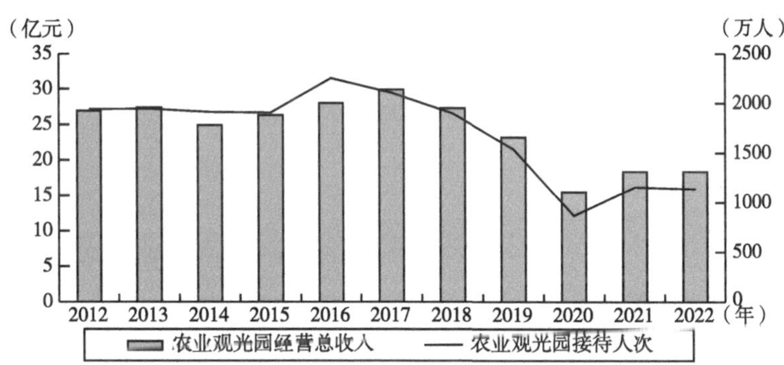

图 3－6　2012—2022 年北京市休闲农业观光园收入和接待人次

资料来源：《北京市统计年鉴 2013—2022》。

（二）休闲农业观光园呈现空间分布差异

总体来看，北京农业观光园分布不均，西北部分布较为集中，总体表现为北部多、南部少的特点。昌平区、怀柔区、平谷区和密云区的休闲农业观光园数量最多，总体来看，全市休闲农业观光园数量呈现逐年下降的趋势，其中大兴区观光园数量 2022 年较 2016 年降幅最大达到 50.5%，生态涵养区的门头沟区、平谷区和怀柔区数量降幅均在 30% 以上，位于功能拓展区的海淀区观光园数量呈上升趋势，增幅达 55.4%，城市发展区的顺义也增加了 33.3%，保持较好的发展态势（见图 3－7）。在功能分布方面，观光园多集中在北部的生态涵养区，2022 年占比达 58.3%，有较大的发展空间。

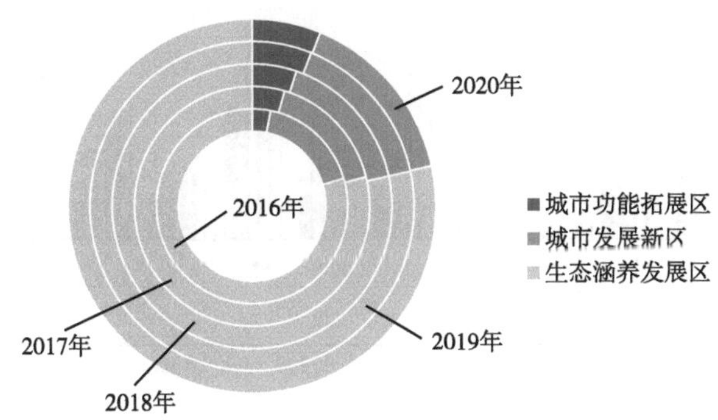

图 3－7　2016—2020 年北京市农业观光园空间分布情况

资料来源：《北京市统计年鉴 2017—2021》。

（三）休闲农业观光园接待人次整体有所回落

2016—2020 年接待人次最多的平谷区和密云区，由于新冠疫情的影响，2020 年 13 个区休闲农业观光园接待人次均低于往年，与 2016 年相比有 9 个区降幅过半（见图 3－8）。农业观光园经营总收入最多的是密云区、昌平区、平谷区、丰台区，2020 年 4 区收入之和达 8.87 亿元，占全市的 57.4%，门头沟区、房山区和延庆区的经营收入最少，均不足 0.6 亿元。2016—2017 年全市观光园总体效益良好，但是 2018—2020 年总体经营收入则均大幅下降，出现负增长局面，2020 年朝阳区同比下降 65.3%，以通州区为代表的城市发展新区经营收入均下降 30% 以上，出现增收难的现象（见图 3－9）。

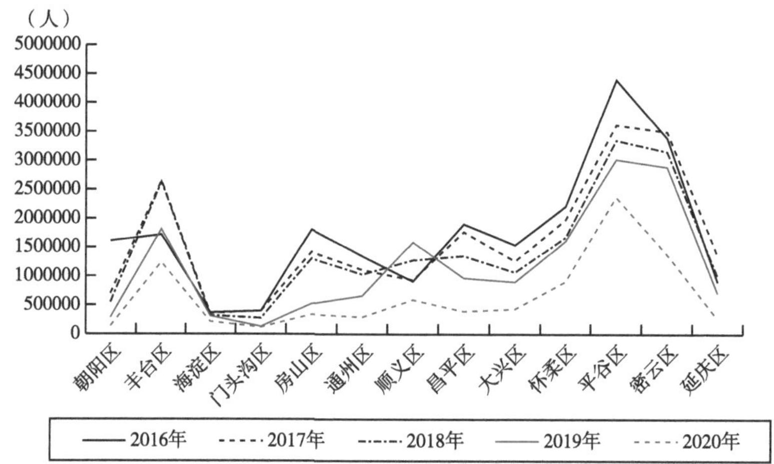

图 3－8　2016—2020 年观光园接待人次空间分布情况

资料来源：《北京市统计年鉴 2017—2021》。

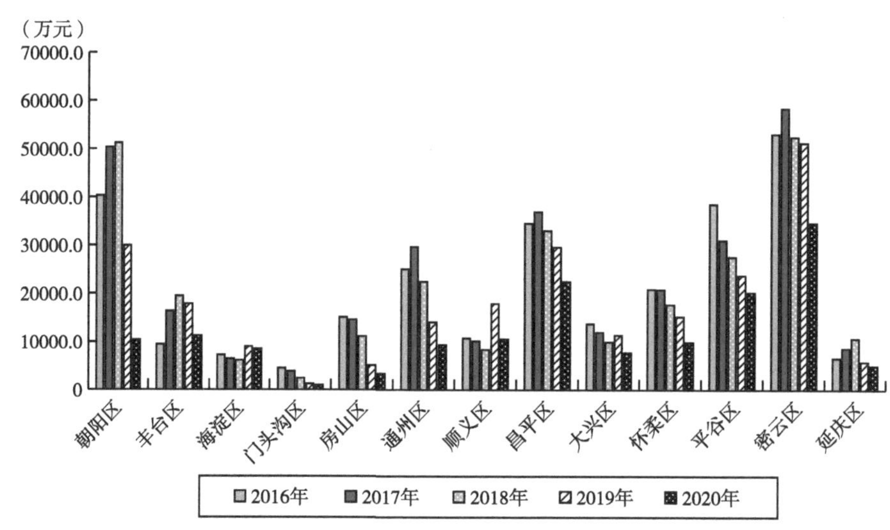

图 3－9　2016—2020 年观光园营业收入情况

资料来源：《北京市统计年鉴 2017—2021》。

二、乡村旅游

（一）乡村旅游接待质量提档升级

2012—2016 年，北京市乡村旅游接待户数量波动上升，2016 年以后，为整合乡村旅游资源，提升乡村旅游接待人员管理水平，北京市民俗旅游接待户数有所下降，2020 年仅有 5832 户，为近年来最低，2022 年接待户数持续上升，实际经营的乡村旅游接待单位（农户）7105 户，实现总收入 13.7 亿元（见图 3－10）。

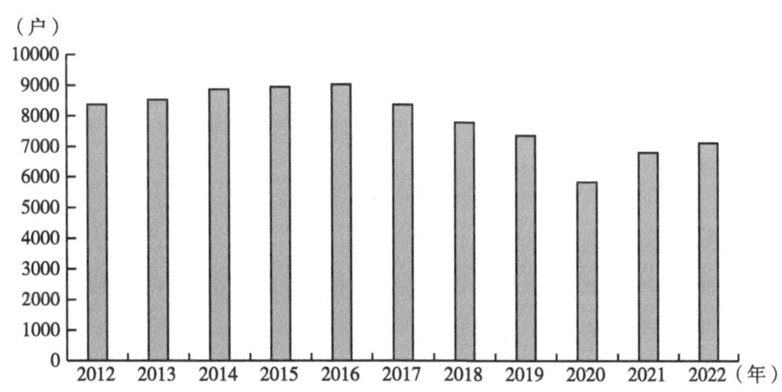

图 3－10　2012—2022 年北京从事乡村旅游接待户数

资料来源：北京市统计局。

（二）乡村旅游人均消费有所提升

2012—2022 年，北京市民俗旅游接待人数、总收入和观光休闲农业的变化趋势基本保持一致。在接待人次方面，2012—2016 年持续上升，在 2016 年达到峰值，2016—2020 年持续下降；在总收入方面，2011—2016 年呈现增长态势，2017 年、2018 年有短暂下降，2019 年已回升至 14.4 亿元，2020 年受新冠疫情影响，收入大幅下跌，随着疫情防控形势向好，2021 年后乡村旅游消费需求恢复释放，同比增加 48.4%，人均消费逐年增长，截至 2022 年实际经营的乡村旅游接待单位（农户）7105 户，实现总收入 13.7 亿元（见图 3－11）。

三、乡村精品民宿提质升级

乡村民宿是推动农村一二三产业的重要着力点，也是整合农村资源、壮大农村集体经济的牛鼻子，为支持培育乡村民宿这一旅游新业态、新经济，各区都制订了相应的措施和出台了相应的政策，有效地促进了民宿经济的发展。

（一）门头沟区打造精品民宿品牌建设

1. 引进优势社会资本参与精品民宿建设

通过招商推介，吸引社会资本投资，推动新的一批村企合作项目落地，形成“村集体＋平台公司＋社会资本”的利益联结和协调配合机制。通过做强民宿发展平台公司，既

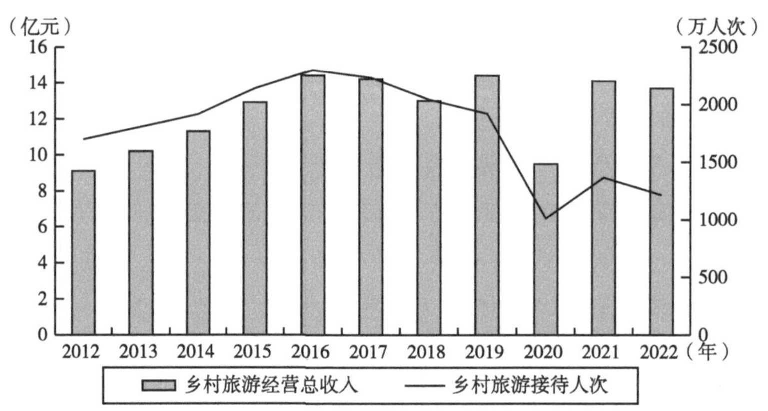

图 3－11　2012—2022 年北京市乡村旅游收入和接待人次情况

资料来源：北京市统计局。

确保村集体的保底性固定收益，又激发村集体做好村域安全、环境卫生等公共服务方面的积极性；既确保出租户的收益，保护村民利益，又推动经营性收入与村集体之间的分配额度的增长机制，实现共同富裕的发展目标。

2. 依托“门头沟小院”，打造门头沟精品品牌

门头沟区立足区域资源优势，积极打造“门头沟小院”精品民宿品牌，逐步探索形成具有区域特色的精品民宿发展模式，先后出台了《“门头沟小院”精品民宿标准与评定程序》《精品民宿手册 3.0 版》等政策文件。此次《“门头沟小院”精品民宿扶持办法》在总结经验的基础上做了部分调整，但仍然延续了精品民宿评星创优的奖励政策，鼓励民宿企业围绕特色农业、休闲康养、体育、科普、研学、文化艺术等打造“门头沟小院＋”主题民宿，按照主题化、特色化、品质化等维度，适时对精品民宿开展星级评定，分三个档次进行资金扶持。目前，门头沟区共有“门头沟小院”58 家已经对外营业，其中星级小院 36 家：五星级 9 家，四星级 13 家，三星级 14 家。

（二）怀柔区民宿进行多元化建设

1. 多元化建设高质量民宿

截至 2022 年年底，怀柔区民宿总数达到 563 家，数量占全市一半以上。院落总数 700 个，房间总数 3416 间，最多可容纳 9328 人住宿。从乡镇分布来看，渤海镇 151 家、九渡河镇 123 家、怀北镇 90 家、怀柔镇 50 家、雁栖镇 45 家、琉璃庙镇 27 家、汤河口 24 家、喇叭沟门 18 家等。怀柔区乡村民宿发展迅猛，数量众多的民宿，让消费者的选择也更加多元。通过发展乡村旅游，怀柔盘活了农村闲置资源，实现了农民就近就业，增加了农民财产型收入，经济效益得到了普遍提高，特别是乡村民宿收益远高于普通乡村旅游户，部分档次较高的民宿一间房每晚收益高达 3000～4000 元，整院出租的房屋每晚高达 6000 元，客房出租率也普遍高于一般民俗户。去年国庆期间，怀柔区老木匠、明明山居、村里故事等乡村民宿客房出租率均达到 100%。

2. 民宿带动乡村振兴

为了支持、培育乡村民宿这一旅游新业态、新经济，怀柔区制订了相应的配套政策、做了大量的工作，对推动民宿经济发展起到了促进作用。怀柔区通过发展乡村民宿有效地促进了乡村振兴战略的实施，带动了农村产业发展，为农民致富增收提供了重要渠道。通过发展乡村民宿，促进了农村人居环境的改善、农民思想观念和习惯的改变，提高了农民素质，加强了城乡融合发展，使“产业兴旺、生态宜居、乡村文明、治理有效、生活富裕”的乡村振兴目标成为现实。

（三）房山区打造个性化精品民宿

房山区大力实施文旅融合发展战略，不断利用闲置民宅发展精品民宿产业，带动农村地区经济社会发展，促进农民增收致富。截至 2022 年年底，房山区已改造完成民宿院落 313 个，形成民宿品牌 99 个，其中已投入运营的民宿品牌 95 个、民宿院落 288 个。

乡村旅游已经逐步成为推动房山区乡村振兴的重要引擎。通过不断丰富旅游产品供给，积极培育旅游市场主体，大力推进 A 级景区、星级饭店、民俗旅游村（户）和旅游新业态创建工作，截至 2022 年年底，房山全区已有星级民俗村 18 个、星级民俗户 254 家、旅游新业态 41 家，乡村民宿稳步健康发展，文化和旅游融合不断深入，在霞云岭、十渡、蒲洼等多个乡镇也逐步形成产业集群效应，周口店镇黄山店村更是在今年被世界旅游联盟评为 50 个旅游助力乡村振兴典型案例之一。

（四）延庆区推进民宿共生社区建设

1. 社区共生引领发展

延庆区遵循“社区共生”理念，由政府有关部门对民宿业发展进行规划和指导，在民宿产业联盟的统一协调下，依托国际会展、赛事和当地独特的旅游资源，通过多品牌运作和主题化运营，推动精品民宿快速发展。“社区共生”是指通过民宿企业与所在村庄共建、共创、共享，实现乡村社区可持续发展。精品民宿作为盘活乡村经济的新型业态，通过市民和村民的良性互动，打造新型“关系乡村”场景，让游客在深度参与中感受乡居社区生活。以民宿空间运营为核心，延庆区下辖各村委会、合作社与运营商、民宿主、村民、游客等良性互动，形成利益共同体，在社区共生建设中推进乡村文化治理。

2. 持续推进品牌建设

从民宿发展初期，延庆区就着手开展区域品牌建设，打造了四个区域子品牌——世园人家、长城人家、冬奥人家、山水人家，在发展到一定阶段后形成区域整体品牌——延庆人家。在品牌运营方面，延庆区已形成了以隐居乡里为代表的品牌输出模式、以大隐于世为代表的品牌连锁模式和以合宿·延庆姚官岭为代表的品牌联合模式，其中，隐居乡里以村集体为合作对象，打造了山楂小院、先生的院子等精品民宿，通过集体合作社的力量撬动政府主管部门和农户资源，为农民提供资产性、劳务性收益，进入合作社的农民还可获得分红，探索出了一条民宿深度融入乡村的发展之路。近几年，隐居乡里品牌在国内大力拓展，成为民宿品牌输出较为成功的范例。

（五）密云区依托全域游建设高质量民宿

1. 打造精品，盘活闲置

密云区通过政策引导、营销推广、个性化培训等全方位培育，打造出老友季、云上、画田山居等“一宅一味”特色精品民宿品牌108个，精品民宿院落262个，共有客房1200间、床位2102个，从业人员465人；培育星级民俗村26个、星级民俗户1475户。不仅盘活了农村的闲置资产，还引入了餐饮、文创、有机农业等多样化产业，产业影响力得到不断提升，新兴旅游业态得到有效拓展。

2. 协同发展，促进融合

密云区大力推进“旅游+”融合发展。强化文旅融合，以文促旅、以旅彰文，丰富乡村文化旅游业态；深化农旅融合，打造日光系列、金叵罗、古北口等旅游田园综合体及密云生态旅游采摘园等农旅融合产品；推进体旅融合，结合密云生态马拉松赛事，策划密云“精品住宿+骑行”旅游线路，推进体育与旅游的同步发展。

（六）平谷区网红打卡地助力民宿高质量发展

1. 营造网红打卡地，吸引游客参与

借“世界休闲大会”召开的机遇，平谷区以会促建，依托附近油菜花种植的产业优势，带动了金海湖文旅特色休闲小镇。

2. 全域旅游，推动精品民宿建设

2019年平谷区正式成为首批国家全域旅游示范区。多年来，通过创建国家全域旅游示范区，平谷区旅游也已逐步从景点旅游模式向全域旅游模式转变。平谷区大力推动精品民宿的建设，鼓励有条件的乡镇建立镇级土地联营公司，将闲置的集体建设用地统筹使用发展民宿产业；引导有条件的村以土地入股的方式发展创意农业、旅游新业态聚集区；引导鼓励村民利用闲置的宅基地自建或通过村级组织入股等方式，试点先行发展精品民宿。

（七）昌平区依托旅游优势实现民宿产业高质量发展

以“旅游+民宿”高质量发展模式为基础，昌平区不断推动“旅游+”的深度融合模式，打造新业态、呈现新亮点，探索旅游高质量发展之路。昌平区不断地创造商机、制造消费场景，乐多港万豪酒店精心打造3500平方米的桃花景区，吸引游客在赏花的同时入住新推出的“国风”主题房；乐多港万达广场通过举办“共享莓好生活”草莓生活节，推出了草莓共享音乐会等系列活动。2023年一季度，乐多港假日广场累计接待游客达248万人次，实现营业额约2.5亿元。

（八）顺义区政策引领民宿产业高质量发展

1. 强化政策引领

出台《顺义区促进文化和旅游业发展扶持办法》，对精品民宿改造、贷款贴息等方面给予资金扶持，截至2022年年底，共兑现扶持资金204万元。

2. 扩大对外宣传

通过文旅高峰论坛、“两区”建设新闻发布会等途径，对顺义区乡村旅游资源和优化营商环境政策进行宣传推广，积极对接国内高端民宿企业，已有1家民宿企业完成企业注册。顺义全区共有民宿8家，呈集群式发展，其中享筑·伴山雅集精品民宿位于龙湾屯镇柳庄户村内，是顺义区首家整村打造的精品主题民宿。

（九）沉浸式体验打造大兴区民宿发展新模式

1. 民宿+沉浸剧，打造文旅农发展新模式

半壁店村就与半壁丰华公司合作，成立村企联营公司，为乡村振兴注入可持续发展力量。村企联营公司租用村内闲置的民宅，发展特色剧本杀沉浸剧项目，签约了22户的闲置房屋，先期改造了10套民宅，来打造主题民宿+剧本杀沉浸剧。

2. 民宿集群，发挥集聚优势

打通民宿专业服务、民宿产业集群、民宿业务运营之间的关卡，实现各专业服务、产业集群、特色业务之间的相互关联，推动主导产业集群和乡村民宿集群共同构建联合体，借助生物医药基地的带动和辐射，依托综合型的民宿平台（创新创业平台）衍生出一个个的“小龙种”，培育和孵化乡村民宿产业“龙族”，实现乡村旅游、休闲农业和民俗文化之间的有机衔接，代表大兴成为区域乡村民宿产业发展的“龙头”。以乡村产业民宿作为消费拉动的引擎，精准对接大都市圈城市居民、互联网大厂员工、生物医药产业基地职工等多渠道的消费需求，形成基于环境增值和生态赋能的品质民宿供给，实现城乡资金、科技、信息等要素的畅通流动。

（十）环球影城外溢效应探索通州区民宿高质量发展之路

通州区不断加大精品民宿建设力度，充分利用环球主题公园外溢效应，深入挖掘运河文化和通州乡村农业特色，积极扶持培养通州区优质民宿，打造城市副中心精品民宿新品牌，助力城市副中心文旅产业高质量蓬勃发展。

第三节 坚守首都绿色底色 推动农业生态发展

一、生态农场成为新型生态农业经营主体

（一）生态农场发展初具规模

生态农场是依据生态学原理，遵循整体、协调、循环、再生、多样原则，通过整体设计和合理建设，获得最大可持续产量，同时实现资源匹配、环境友好、食品安全的农业生

产经营主体。北京有两千多万常住人口，消费市场广阔，强大的消费潜力让高质量农产品备受欢迎。生态农场瞄准的正是农业里的高精尖、“白菜心”。这种既保护环境又提高农业价值的新模式，指引出未来农业发展的方向。

目前，北京市首批39家生产主体被授予“北京市生态农场”称号。获评农场总面积达1.98万亩，广泛分布在12个涉农区的31乡镇中，包含农业企业、农民专业合作社、农村集体经济组织等主要的经营类型；生产类型包括种植、畜牧水产养殖及种养结合，以种植业为主占84.6%，涵盖粮食、蔬菜（包含草莓、西甜瓜）、水果等品类；总体规模适度，规模在100亩及以上占76.9%；产品认证程度较高，获得有机产品、绿色食品、GAP、地理标志等认证的占82.1%。

（二）农场的主要生态发展模式

推进生态农场建设是贯彻落实习近平生态文明思想的重要举措，是探索北京农业现代化的有效路径，是推进农业绿色发展的有力抓手。近年来，生态文明理念正在落地生根，高新技术逐步走向田野，主要形成了四种主要的生态农业发展模式。

1. 模式一：种养循环生态农业模式

种养循环生态模式是一种可持续发展的生态系统，以种植和养殖结合的方式来实现资源的循环利用，从而达到了生态平衡和提升经济效益的双重目的。种植为养殖提供了所需的饲料和肥料，养殖为种植提供了畜禽粪便等有机肥料和灌溉水源。因此，此种生态农业模式减少了资源的浪费，可以促进农业的绿色可持续发展。以北京喜庆民丰农业发展有限公司生态农场为例，该农场通过“科—村—企”紧密合作形式，重点实施林菌、林花、林草禽、林药、林粮和林菜等农林复合种养模式的示范应用，将农林复合体内的枯枝落叶、食用菌菌渣、鸡粪等主要原料，通过农林废弃物堆肥制作工艺和装置，实施堆肥发酵制作有机肥料，再反馈到农场种植区加以利用，实现园区农林复合系统自循环。北京中科天利水产科技有限公司的“稻鱼共生”模式，经过20年的养殖经验，7年的专心摸索，开发出了符合种养联动的循环水系统，在养殖过程中，定期对鱼品产生的粪便进行收集，经过沉淀后流入生态稻田，种植系统中的尾水经过一系列处理后又流入了养殖系统，真正做到了节水降耗、环境友好。

2. 模式二：立体农业生态循环模式

立体农业生态循环模式通过设计和建造立体的、多功能的农业系统来提高农业的效率，减少对自然资源的消耗，起到了保护环境的作用。以北京互联网农业发展有限责任公司为例，利用温室空间，立体种植。依据生态学原理，遵循立体、协调、循环、多样原则，通过整体设计和合计建设，获得最大可持续产量，实现高品质生产，同时实现资源最优配置。农场有地上温室桃，通过地下蔬菜绿色种植技术、桃树枝废弃物粉碎加工成菌棒，实现棚内食用菌立体循环种植模式。

3. 模式三：农业废弃物再利用模式

将上一级的废弃物或副产品作为下一产业的原材料，实现农业废弃物的多级循环利用。在北京市生态农场中主要以秸秆、菜叶、菜秧的回收利用、堆肥等为主。以北京亿亩地农业发展集团有限公司为例，该农场主营蔬菜、水果、谷物的种植等，将多项农业废弃物“变废为宝”。将秸秆粉碎还田利用，使用牛羊粪发酵作为底肥，学习并引进了专业的果蔬秧子堆肥技术，针对生产和包装产生的不同的废弃物如地膜、棚膜、各类包装等，严格分类，定期交由专业的团队进行无害化处理，循环利用，在提高作物产量与品质的同时，有效减少了农业有机废弃物造成的面源污染。

4. 模式四：多功能、多要素融合型生态农业模式

该模式通过拓展农业多功能价值，多要素、多业态融合来发展生态农业，提高生态农业附加值。以北京绿思维农副产品产销专业合作社为例，该农场是一家集果蔬采摘、餐饮、休息、娱乐、休闲、观光、学农体验、户外拓展等京郊农业旅游文化乐园，同时该农场打造的现代生态葡萄观光园，具有都市农业观光、休闲旅游和标准化生产等功能。该农场通过绿色生产来提升农产品质量，一二三产业融合等多业态并进发展来提高生态农业附加值，增加经济收入，为当地村民提供就业岗位，从而助力产业振兴、生态振兴和乡村振兴。位于密云区久远庄村的北京久运河谷葡萄种植专业合作社，在该村的发展历程中，葡萄种植业一直是推动该村农业发展的主导力量，是广大农民增收致富的主要途径和重要渠道，2010 年，密云区把休闲旅游产业确立为战略性支柱产业，提出打造“绿色国际休闲之都”的发展定位，揭开了巨各庄向“酒香之路”演进的序幕，久运河谷葡萄种植专业合作社应运而起，目前已经初步形成集葡萄酒庄参观、鲜食葡萄采摘等一二三产业融合的产业发展格局。

二、生态沟域建设取得明显成效

（一）生态环境质量不断提高

坚持生态初心，保护绿水青山。各区深入践行“两山”理论，积极推进污染防治攻坚，不断加大生态环境保护力度，绿色空间持续拓展，地区生态涵养功能大幅提升。深化“一微克”攻坚行动，坚持科学、依法、精准治污，空气质量持续提高，全市细颗粒物（PM2.5）年均浓度为 30 微克/立方米、同比下降 9.1%，实现新时代十年持续提高、连续两年达到国家空气质量二级标准。各区 PM2.5 年均浓度首次全部达到国家空气质量二级标准。水环境质量持续向好，密云水库等城市主要集中式饮用水水源地水质达到国家标准；国家地表水考核断面中，优良水体断面占比 75.7%，动态消除劣 V 类断面。北京 2022 年冬奥会期间，延庆空气质量创历史同期最优，全年无重污染天，“冬奥蓝”为北京冬奥会增添了一道靓丽的生态底色。

（二）产业发展水平稳步提升

以生态为底，发展新兴业态。结合自身资源特色积极布局乡村游，同时出台一系列强

农惠农富农政策，推进以一二三产业融合发展为特色的都市现代农业和乡村旅游高品质发展，其中，精品民宿、生态旅游、森林康养、田园综合体等新兴业态发展快速。门头沟区把推进精品民宿高质量发展作为推动“两山”理论转化的重要突破口，全力打造各类主题突出、多彩纷呈的“门头沟小院”精品民宿。2022 年在新冠疫情冲击和经济下行双重压力下，门头沟区文旅事业发展取得了阶段性成果。全年新增营业精品民宿小院 24 家，新增盘活院落 47 个，“门头沟小院”精品民宿全年共接待游客 12 万人次，同比增长 37. 9%，实现收入 5783. 3 万元，同比增长 65. 2%。密云区发挥好山好水好生态好的优势，重点发展有机生态农业和林下经济，培育电商产业，规模以上农业电商增至 17 家，农业电商影响力全市第一。密云区依托良好的生态，创建全域旅游示范区。目前有古北水镇、云蒙山等 42 家景区，旅游从业人员超过 2 万人。延庆区借助举办冬奥会带来的名气和冰雪活动的升温，推动乡村特色宴和精品民宿提档升级，通过滑雪场、景点、旅行社的联动合作，形成了一批集乡村特色美食、精品民宿、古城观光、农事体验、户外运动等于一体的乡村精品旅游线路。

（三）搭建城乡经济文化交流平台，带动山区经济增收

生态沟域以山区为地理空间，以沟域内的自然景观、人文遗迹、产业资源为基础，以一二三产融合发展为途径，依托北京这一巨大的消费市场，搭建了北京城区与山区的经济文化交流平台。坐落在密云水库之滨的太师屯镇，打造了十八世纪欧式城堡风格的酒庄葡萄园，在流河峪、上庄子、东田各庄、太师庄等村流转土地近千亩，与合作社、农户等经营主体之间形成租金和劳务收益等多样化的农民增收模式，带动人均年增收入 3 万元。另外，推行以“公司 + 村集体 + 合作社 + 农户”的合作模式，在流河峪村流转了 11 套闲置农宅改造成以葡萄为主题的乡村民宿，通过引流为农户形成“租金 + 保底 + 分红”的可持续收入。同时，聘用本地农民从事民宿保洁、服务等，吸纳周边剩余劳动力 300 余人，平均每户年增收 5 万余元。目前，密云区葡萄种植面积达 3000 多亩，高端葡萄酒年生产能力 1500 吨，年均综合收入 3 亿多元，年均客流量 30 万人次。延庆区“五一”期间，全区共接待游客 102. 4 万人次，占全市乡村游接待游客总数的 43. 9%，位列全市乡村游接待量第一，实现旅游收入约 1. 1 亿元，首次突破亿元大关。

三、首都生态服务价值稳步提升

在新时代生态文明建设的政策背景下，生态系统保护以及乡村振兴日益成为理论和政策关注的焦点，北京发展都市型现代农业，要紧紧围绕广大首都市民的消费需求，要多元化开拓农业功能，农业生态系统不仅向人们提供生态产品和保证人们的生活质量，而且是城市生态安全的基础和屏障，其生态服务价值是技术难以替代和创造的生态资产。因此，对于农业生态系统服务价值的科学评估，不仅对农业生态环境保护、农业可持续发展和生态保护补偿具有重要的参考价值，而且对实现乡村振兴也具有重要的意义。

根据2021年北京都市型现代农业生态服务价值监测公报，2021年北京都市型现代农业生态服务价值年值为3923.30亿元，同比增长12.9%；贴现值为12146.52亿元，同比增长11.2%（见表3-5）。从构成农业生态服务价值年值的三个部分来看：直接经济价值为381.23亿元，同比增长10.8%，占总价值的9.7%。2021年，在粮食与蔬菜生产快速增长的带动下，全市农林牧渔业总产值增速由负转正，按可比价计算，同比增长2.8%，实现自2014年以来首次增长。供水价值同比增长38.4%，一是由于河湖补水量大幅增加。2021年北京市利用降水量较多的有利时机，大幅增加河湖补水量，改善河湖水生态，河湖补水量同比增长110.2%；二是受2020年南水北调工程停水检修影响，南水北调供水量基数较低，2021年南水北调供水量同比增长45.5%。间接经济价值为1095.78亿元，同比增长21.9%，占农业生态服务价值的27.9%，主要由文化旅游服务价值拉动。2021年，随着疫情防控常态化，文化旅游活动逐步恢复，北京旅游总收入同比增长43.0%，恢复至2019年的66.9%；其中，休闲农业和乡村旅游收入同比增长30.4%，恢复至2019年的86.6%。生态与环境价值为2446.28亿元，同比增长9.5%，占总价值的62.4%。其中，水源涵养（存蓄）价值同比增长25.6%，拉动生态与环境价值增长4.8个百分点。2021年，北京降水量较为丰沛，全年累计降水量同比增长76.1%，湿地水源涵养（存蓄）量大幅提升。此外，其他各项功能价值均稳步增长。2021年，全市绿化建设力度进一步加大，新增造林绿化面积16万亩、城市绿地400公顷，全市森林覆盖率达到44.6%，比上年提高0.2个百分点；城乡宜居环境稳步提升，公园绿地500米服务半径覆盖率达到87.8%。水生态持续改善，市优良水体比例达到75.7%，永定河综合治理与生态修复扎实推进，全市河流、水库等健康水体占比达85.8%，主要河流成为候鸟迁徙的重要廊道，部分国家级保护动物“落户”北京。

表3-5　2021年北京都市型现代农业生态服务价值及增速

指标名称	年值		贴现值	
	2021年（亿元）	比上年增长（%）	2021年（亿元）	比上年增长（%）
都市型现代农业生态服务价值	3923.30	12.9	12146.52	11.2
一、直接经济价值	381.23	10.8	381.23	10.8
1. 农林牧渔业总产值	269.51	2.8	269.51	2.8
2. 供水价值	111.72	38.4	111.72	38.4
二、间接经济价值	1095.78	21.9	1095.78	21.9
1. 文化旅游服务价值	627.33	44.5	627.33	44.5
2. 水力发电价值	10.53	20.5	10.53	20.5
3. 景观增值价值	457.92	0.5	457.92	0.5
三、生态与环境价值	2446.28	9.5	10669.51	10.2
其中：气候调节价值	837.69	8.3	2639.21	8.2

续表

指标名称	年值		贴现值	
	2021 年（亿元）	比上年增长（%）	2021 年（亿元）	比上年增长（%）
水源涵养（存蓄）价值	531.28	25.6	661.20	21.7
环境净化价值	135.74	13.7	1131.52	10.5
生物多样性价值	688.07	1.8	3252.48	8.3
防护与减灾价值	234.91	4.2	1801.29	12.5
土壤保持价值	2.77	83.5	11.60	41.1
土壤形成价值	15.81	10.4	332.02	10.4

资料来源：北京市统计局。

四、农业农村固碳减排工作稳步推进

近年来，北京市农业农村局以习近平新时代中国特色社会主义思想为指导，坚定不移贯彻新发展理念，牢牢把握首都城市功能战略定位，立足农业发展与环境资源承载力相匹配，定位于高质量发展实现节能减碳，积极探索和推进农业农村低碳绿色发展，形成了一系列的节能低碳技术模式。2022 年 6 月北京市生态环境局出台了《北京市落实〈农业农村污染治理攻坚战行动方案（2021—2025 年）〉实施方案》，文中提到治理农业农村污染对推动农业农村绿色低碳发展具有重要意义，从农村污染治理、农业污染治理两个方面明确了一系列重点任务，在农村环境整治方面，指出要健全完善农村生活垃圾收运处置体系，推进生活垃圾源头分类减量等；在农业污染防治方面，提出要落实最严格的耕地保护制度，减少土壤污染问题，推进农药、化肥减量增效，健全秸秆收储运体系等。目前，北京市在农业农村固碳减排方面的工作主要围绕两方面展开。

（一）农村生活用能减排情况

1. 可再生能源替代

北京市全力推动大气污染治理工作，持续推动产业结构优化和能源清洁转型，燃煤量大幅下降，2020 年碳排放强度比 2015 年下降 23% 以上，超额完成“十三五”规划目标任务。在农村大力实施“煤改电”“煤改气”等行动。

2. 推动农村人居环境整治

改造农户的厕所，把所有农户家中的污水都纳入统一的污水管网，能够直接排到镇村的污水处理站点，进行无害化、绿色化的处理。北京市从 2018 年到 2020 年年底，对 15.1 万户村民家的旱厕所进行了改造，改建成冲水式卫生厕所，农村“厕所革命”基本完成。

加强农村生活污水治理。2022 年 6 月北京市发改委、北京市水务局联合印发《北京市“十四五”时期污水处理及资源化利用发展规划》，文中指出到 2025 年，全市污水处理能力达到 800 万立方米/日，污水处理率达到 98%，农村生活污水得到全面有效治理；到 2035 年，全市城乡污水基本实现全处理，全市再生水利用率达到 70% 以上，全面实现污泥无害化处置。

提升农村垃圾治理水平。2022 年 3 月中共北京市委办公厅发布的《北京市“十四五”时期提升农村人居环境建设美丽乡村行动方案》，文中指出提升农村垃圾治理水平。全面实施《北京市生活垃圾管理条例》，健全完善农村生活垃圾收运处置体系，因地制宜推进偏远地区村庄生活垃圾就地就近处理，降低处置成本。推进农村生活垃圾源头分类减量，减少垃圾出村处理量。

（二）农业生产固碳减排情况

1. 农田碳汇提升

2022 年 6 月北京市政府发布的《北京市“十四五”时期土地资源保护利用规划》，文中指出要加强耕地质量建设，提升农田土壤碳汇能力。第一，持续开展高标准农田建设，提升耕地地力。第二，探索建立耕地生态保护修复制度，加强土壤培肥，增加土壤有机碳储量，提升农田土壤碳汇能力。及时修复灾害、建设等损毁耕地，对土层变薄、有机质下降、生物活动减少等退化耕地和受污染的耕地进行治理。第三，健全完善耕地和永久基本农田数据库和动态监测监管系统。

2. 秸秆综合利用

截至 2022 年 6 月，北京市农作物秸秆综合利用率达到 99% 以上，各区通过实施秸秆综合利用重点区建设项目，形成了典型模式和主推技术。当前，北京小麦秸秆的处理方式主要有两种，一种是直接粉碎还田实现肥料化利用；另一种是打捆收集离田利用，用于牛场垫料、食用菌原料或有机肥加工等。多年来，北京市一直紧抓秸秆综合利用机械化工作，基本形成了以秸秆肥料化、饲料化利用为主，基料化、原料化利用为辅的秸秆综合利用政策体系和技术体系，营造了合作社、企业、农户等相关主体自发主动开展秸秆利用的良好氛围，秸秆利用率一直稳定在 99% 以上。顺义区北京鑫利农机专业合作社 2022 年种了 1 万多亩小麦，该合作社利用秸秆粉碎还田机和秸秆捡拾打捆机，将秸秆就地粉碎还田和卖给牛场。

3. 种植业节能减排

昌平区设施草莓精量滴灌施肥技术，该技术是在有压水源条件下，利用施肥装置将配制好的水肥混合液肥通过微灌系统均匀稳定适时适量地输送到草莓根部土壤的一种高效灌溉施肥技术。与常规滴灌施肥相比，每亩省工 80% ~86% 、省水 24% ~30% ，增产 6.5% ~7.9% 。

4. 畜牧业减排降碳

北京市当前主要形成以下四种畜禽养殖业粪污资源化利用模式。模式一，粪便肥料化利用——堆肥处理。畜禽养殖场粪便的肥料化利用一般可分为有设施装备配套的好氧堆肥有机肥加工和以静态缺氧为主的简易堆肥。模式二：粪便垫料利用——垫料回用。基于奶牛粪便纤维素含量高、质地松软的特点，采用自动刮粪系统收集奶牛场粪污，粪污经过固液分离系统后，进行堆肥发酵，以达到无害化处理，最后晾晒干燥作为牛床垫料使用，垫料在使用过程中掉入刮粪区，最终又进入粪污中，可以继续循环利用。模式三：粪便委托第三方处理——专业化运营。该模式是指养殖场委托第三方专业机构定期收集、集中处理粪便，一般采用槽式好氧堆肥方式处理。模式四：种养结合生态循环——土地消纳。该工艺是指养殖场自身或者周边配备有足够数量的土地，全量收集粪污，长期贮存达到无害化处理后，就近农田利用。

5. 农机节能减排

2023 年 1 月农业机械化管理司发布的《北京市农业机械化提升行动实施方案（2023—2025 年）》，文中提出推动农机节能减排迭代升级。支持淘汰耗能高、污染重、安全性低的老旧农机具，开展先进适用、节能固碳、安全可靠农业机械的推广应用。优化农机装备结构，促进“国四”排放标准柴油农业机械和其他节能农业机械推广应用。

6. 森林碳汇提升

2023 年 1 月中共北京市委、北京市人民政府正式发布《关于新时代高质量推动生态涵养区生态保护和绿色发展的实施方案》，文中提到加快推动实施重要生态系统保护和修复重大工程，强化重要生态系统关键区域保育，推行草原森林河流湖泊湿地休养生息，门头沟区、平谷区、怀柔区、密云区和延庆区总体森林覆盖率保持在 66% 以上，森林蓄积量及生态碳汇能力进一步提升。

第四章　北京都市型现代农业经营体系

第一节　激活农村资源要素 集体经济不断壮大

农村集体经济是我国公有制经济的重要组成部分，是我国农村经济的重要形式。农村集体经济是指与社会主义市场经济体制相适应，实行基本生产资料和资产的共同所有和按份所有的一种社会主义公有制经济。北京市农村集体经济发展历经以下四个阶段：合作化和集体化时期京郊集体经济的起步阶段（1951—1978 年）、改革开放初期乡村集体经济快速发展阶段（1979—1995 年）、乡镇集体企业改制阶段（1996—2002 年）、农村集体经济转型发展阶段（2003 年以来）。

北京市从 90 年代初便推行以“撤村不撤社、转居不转工、资产变股权、农民当股东”为基本方向的农村集体经济产权制度改革，发展股份合作经济。截至 2021 年年底，3953 个村级、35 个乡镇级集体经济组织完成产权制度改革，334. 5 万农民当上新型农村集体经济组织的股东，农民分享到更多改革发展红利。另外在农村集体经营性建设用地入市改革上，大兴区围绕建立城乡统一的建设用地市场目标，从供地主体、供地途径、收益分配、供地方式、权能完善方面推进“五个探索”改革实践，共建立和完善 27 项专项制度和相关领域配套文件，形成了一批制度性成果。5 年试点期间，大兴区成功入市交易集建地 15 宗 128 公顷，总交易额 210 亿元，约占全国交易总额的 45%，交易额、交易单价均居全国第 1。

一、农村要素资源有效激活

北京市通过大力激活农村要素资源，截至 2022 年，已完成农村集体产权制度改革阶段性任务，确认集体经济组织股东 334. 5 万人，集体土地总面积 2044 万亩，集体账面资产总额 9914 亿元，位列全国第 1。北京强化党组织在集体经济发展中的领导核心作用，村级党组织书记、村委会主任、集体经济组织负责人“一肩挑”比例达90%以上。鼓励多元化、多层次经营，完善收益分配机制，推动福利分配逐步向股份分配转变，2021年1410个村集体经济组织135.9万农民股东实现股份分红，人均4001元。

二、农村“脱低消薄”成效明显

北京市通过接续开展“脱低”“消薄”工作，通过产业带动、项目联建、资金支持等多种形式，开展农村集体经济薄弱村帮扶专项行动，通过实施“六个一批”精准帮扶措施，如期完成低收入农户增收工作，全市7.26万低收入农户家庭人均可支配收入全部超过标准线。市委、市政府相关部门组织开展并全面完成了扶持壮大村级集体经济试点工作，93个试点村增强了村级自我保障和服务群众能力，健全了村集体治理、运营、监管机制。按照“一手抓消除薄弱，一手抓巩固提升”的工作思路，市委、市政府启动了农村集体经济薄弱村增收工作，力争五年基本消除600个左右年经营性收入低于10万元的集体经济薄弱村，促进村集体经济可持续发展。截至2021年年底，已有283个薄弱村年经营性收入超过10万元，将200个年度任务超额完成。

近5年，北京市乡村集体经济组织数量保持稳定发展，截至2021年年底，北京乡镇级集体经济组织数量与村级集体经济组织数量分别达到188个与4000个。而在农户收入情况方面，农户人均所得收入呈现稳健增长态势，2021年，农户人均所得达到28950元，农民增收进一步稳固提升，农村“脱低消薄”成效明显（见图4－1）。

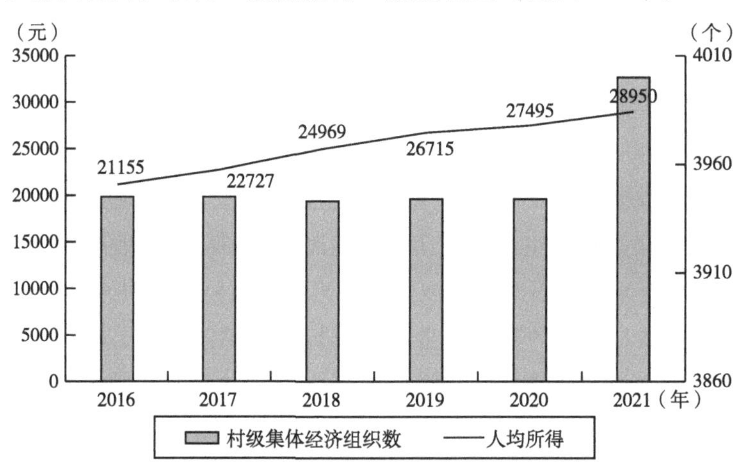

图4－1　2016—2021年北京村级集体经济组织数与农户人均收入情况

资料来源：北京市统计局、《北京统计年鉴》。

三、乡村产业带动农民增收

在乡村产业发展方面，北京完成乡村振兴大数据平台一期工程，打造全国首个商业化育种大数据平台和果树智慧种植大数据决策与云服务平台。北京市农业科技进步贡献率达到75%，创建2个国家级优势特色产业集群、4个国家现代农业产业园、88个全国“一村一品”示范村镇、27个市级特色专业示范村，培育35个地理标志农产品和130个“北京优农”品牌目录。2021年北京市绿色有机农产品认证总量增长10%，达到27.7万吨；实施休闲农业“十百千万”畅游行动，累计创建中国美丽休闲乡村40个、星级休闲农业园区224个，培育乡村民宿精品近5000家、全国乡村旅游重点村32个。2022年，北京市农业观光园1027个，实现总收入18.4亿元。实际经营的乡村旅游接待单位（农户）7105户，实现总收入13.7亿元。

四、集体经济发展环境不断优化

在优化集体经济发展环境方面，北京市坚持规划引领，印发《北京市“十四五”时期提升农村人居环境建设美丽乡村行动方案》，明确村庄布局分类，统筹各级规划在乡镇层面落位，2023年年底前基本完成乡镇国土空间规划编制工作。2911个村庄规划实现“应编尽编”，分批次推进美丽乡村基础设施建设，2100多个村实现整村完工。

北京还持续开展人才京郊行、“百师进百村”等活动，引导各类人才服务乡村振兴。选派第六批720名优秀干部担任驻村第一书记，储备8083名村级后备人才，确保每个村至少2名。修订完善村干部基本待遇保障实施办法，村“两委”35岁以下年轻干部配备率达到100%。此外，北京市每年安排财政资金，专项支持集体经济发展、美丽乡村建设、产业园和产业集群建设、新型农业经营主体培育等。落实耕地地力保护、耕地保护补偿、菜田补贴等惠农补贴政策。研究设立乡村振兴基金，带动社会资本投入农业农村领域。

第二节　推进新型主体建设 有效对接现代市场

北京市为贯彻落实中央要求和满足自身发展需求，由14个部门联合发布《关于加快构建政策体系培育新型农业经营主体的意见》，引导全市新型农业经营主体健康发展，并先后出台主体认定与管理、金融支持、带头人培育等方面的政策文件支持新型农业经营主体培育工作。北京在推进城乡融合和都市型现代农业建设的进程中，培育和涌现出大量家庭经营形式的专业大户和政府试点家庭农场、合作经营形式的农民专业合作社及企业经营形式的农业产业化龙头企业等各类新型农业经营主体。

一、新型农业经营主体蓬勃发展

（一）政府支持力度不断加大

北京市各级政府为鼓励社会各界力量投入新型农业经营主体和服务主体的建设发展，

出台了一系列支持政策并加大相关资金投入，加快构建以农户家庭经营为基础、合作与联合为纽带、社会化服务为支撑的都市型现代农业经营体系。各类新型农业经营主体和服务主体不断创新模式，辐射带动小农户，促进都市农业规模经营稳步发展，推动新品种新技术新装备加快应用，成为乡村振兴的重要推动力量。

（二）家庭农场发展迅速

北京市制订家庭农场指导意见和管理办法，出台农民培训、创新创业政策，引导人才下乡创业。家庭农场的经营范围逐步走向多元化，从粮经结合，到种养结合，再到种养加一体化，一二三产业融合发展，经济实力不断增强。农民合作社数量不断增加，大量农民合作社进军休闲农业和乡村旅游，实现了集中连片种植和集约化经营。各类新型农业经营主体和服务主体快速发展，成为推动都市型现代农业发展的重要力量。

（三）带动效果越发明显

新型农业经营主体把农户整合起来，为小农户提供涉及产前、产中、产后全过程的全方位服务，在统一收购农产品的基础上，制订标准，打造有品牌、有质量的农产品，有效提高农产品市场竞争力和农户收入水平。调研显示，97.8%的社员参加过合作社提供的农业生产等方面的产前技术培训，84.8%的社员享受过合作社提供的农药、化肥等生产资料统一购买的产中服务，部分合作社还提供统一收购和销售农产品等产后服务。

（四）引领作用持续发挥

新型农业经营主体和服务主体能够迅速根据市场变化做出改进，能够严格执行农产品质量管控，建立标准化、品牌化的经营体系，注重产销对接，使农产品供给数量充足、品种和质量契合消费者需求，越来越多的新型农业经营主体和服务主体与小农户形成了紧密的利益联结机制，逐步把小农户引入现代农业发展轨道。

促进了农业种养销结构调整优化，推动了农村一二三产业融合发展，带动了农业劳动生产率不断提升。据调查，北京市大批人才返乡下乡“双创”，大多领办或参与新型农业经营主体和服务主体，其中80%以上从事新产业新业态新模式和产业融合发展项目，50%以上运用了智慧农业、遥感技术等现代信息手段。

二、农民专业合作社助力乡村振兴

一是农村能人带动型。由具有一定经济实力和专业能力的种养大户、经纪能人牵头组建，通过为小农户提供专业技术支持、农机、产品销售等农业产销服务，带动合作社产业化发展。如北京套里蔬菜种植专业合作社，在合作社理事长的带动下以线上线下销售、产品包装、统一育苗、蔬菜种植、技术指导、生产资料供应为主要业务范围，吸纳本村70多家农户入社。

二是资源优势带动型。主要依托当地优质农产品资源，联合本地农户，成立农民合作社，建造特色农产品产业基地，如国家级示范合作社北京庞农兴农产品产销专业合作社，依托大兴西瓜这一优质农产品资源，申请注册商标“兴庞农”“晓吸瓜”等，吸纳当地150多家农户入社，主要通过线上线下相结合的销售方式，以西瓜产销服务为主业，实现年销售收入4000余万元。

三是龙头企业带动型。由龙头企业提供技术指导、订单采购、管理服务，农户负责劳动力、场地等，如北京绿奥蔬菜合作社，拥有入社农户372家，其中股东52家，合作社与北京天安农业公司签订销售协议，采取订单农业的形式有效对接市场需求，将合作社系统的80多种蔬菜交由北京天安农业有限公司进行销售。通过该模式，农户解决了农产品的销售问题，调动了生产的积极性，企业也能通过合作社获得质量、批量有保证和较稳定的农产品，使公司与农户实现“双赢”。

四是休闲农业带动型。合作社在农业生产和经营的基础上，发展景观农业、互动体验农业等。如国家级示范合作社北京兴农鼎力种植专业合作社，共吸纳当地306户农户入社，该社承建的都市型现代农业万亩示范区利用大型现代农机作业、现代节水灌溉设备、田间气象站等，带给游客丰富的农耕乐趣，把粮食种植变为体验式农业、景观农业，实现年产值6000余万元。

三、农民专业合作社对接市场作用显著

内联农户外接市场的农民合作社，实现了生产与市场的有效对接，大大提高了农民的组织化程度，促进了农业产业化经营，已逐渐成为新形势下京郊地区推进农业生产、拉动农村经济、带动农民增收的重要途径。

（一）服务小农户，有效维护农民权益

一是提升农户抵御市场风险的能力。面对市场竞争，合作社把一定区域内农户整合起来，在统一收购农产品的基础上，形成标准化、有品牌、有质量的产品进行联合销售，有效提高农产品市场竞争力和农户抵御市场风险的能力。二是为农户提供涉及产前、产中、产后全过程的全方位服务。三是多元化的营销手段促进农户增收。调研显示，合作社采取订单农业、社超对接、农产品电子商务等多元化的销售方式，为农户提供更多更稳定的销售渠道，有效减少中间费用，精简运销层次，使联合起来的农户更多地分享到加工和营销环节的利润，增加了农民收入。

（二）规模化经营，实现利润最大化

一是改善农户市场地位。合作社通过组织进行统一谈判和销售，增加谈判“筹码”，市场议价能力得到提升，能够有效提高农产品销售利润、降低生产成本。二是拓展经营服务内容，提升产品附加值，通过对出售的农产品进行二次加工和包装，来获得更高的农产品附加收益。三是农户收入方式和渠道多样化，社员在通过合作社获得生产经营性收入的同时，还可以通过土地、资金、技术等生产要素入股，使资源变股本，带动农户财产性收入增长。

（三）标准化生产，助力农业提质增效

一是提升农产品品质和质量，采取统一生产和管理模式，严格把控产品质量，通过注册农产品商标，实现“三品一标”认证，提升产品质量。二是优化产业链，部分合作社通过网上预订的形式进行销售，以订单形式纳入农场销售计划，使农场有计划地安排采摘、备货和运输，按实际供应配送，短时间内迅速发货，最大限度地保证农产品品质和质量。三是产业融合打造新型消费业态，农民合作社通过大户主导、公司带动、品牌引领、要素合作等方式，发展特色农产品专业化生产，在此基础上有的合作社融合农村生产、生活和生态功能，打造多种消费业态，实现农村一二三产业的融合发展。

第三节　北京新型农业经营主体发展优秀实践案例

一、“北菜园”依托龙头企业打造农业全产业链

（一）基本情况

2011 年，北京北菜园农业科技发展有限公司（以下简称“北菜园公司”）在北京正式注册成立。北菜园公司隶属于北京北菜园农产品产销专业合作社（2011 年成立），是其主要成员单位之一。该公司控股北菜园生态农业（北京）有限公司（2016 年成立）、北菜园园林园艺科技（北京）有限责任公司（2016 年成立）、北京农合供应链管理有限公司（2019 年成立），主营有机蔬菜种植生产、加工包装和产品销售业务。经过近 10 年的发展，北菜园公司已经发展成为拥有生产管理、供应链管理、品牌营销“三大核心业务板块”的区域性有机农业龙头企业，开创了信息科技技术引领蔬菜行业的先河，建立了一套较为完整的有机蔬菜种植、加工、销售的系统解决方案，拥有先进的农业管理模式和多重安全品质保障，确保有机农产品从源头到餐桌的新鲜、健康和品质安全，业务网络覆盖北京、天津、河北等省市，并向东北、华中地区逐步拓展。

（二）主要做法

1. 遵循“需—供—产—销”的产业逻辑

通过不断实践探索与经验总结，北菜园公司摸索出了一套“需—供—产—销”的产业推进逻辑，将市场销售与用户需求紧密结合，利用农业信息化手段实现了以目标客户需求找目标产品、以提高集货能力确保目标产品供应、以生产标准化做到精准排产，从而确保产品销售与用户需求的高度匹配，成功实现了从“种什么、卖什么”到“卖什么、种什么”的产业逻辑逆转。

2. 建立数字化供应链管理模式

数字化供应链管理是实现北莱园公司“需—供—产—销”产业逻辑的核心利器。目前，北莱园公司已经建立并应用了生产管理系统、供应链管理系统、营销管理系统和订单管理系统。

生产管理系统主要用于从种质、育苗、定植、过程管理、采收、入库到加工后赋码追溯等生产和初加工环节的信息资源管理，可实现全区生产的数字化管理，通过在大棚内安置摄像头、传感器等设施设备，定期检测地力水质、土壤情况，以及湿度、温度等相关数据，全程监控蔬菜生产过程并建立档案；通过环境作物生长模型、病虫害预警模型、作物环境健康测评模型对数据进行分析，为植物生长进行诊断诊疗，记录农产品从播种、育苗、成熟、收获、物流运输整个过程，上传到绿色履历系统平台中，供消费者进行质量安全追溯。

供应链管理系统主要用于处理各生产基地订单，由供应链下采购单（明确采收量、收货结算量、损耗量），分析订单完成情况；承担干线物流、物流车辆管理和加工车间管理分拣、包装、理货、出入库管理等；根据销售数据进行排产管理。供应链管理系统可实现不同销售渠道数据的抓取记录与统计分析，用以进行不同基地的排产；同时对产品流通过程中的损耗进行监控和评估，对生产加工流通环节提出优化方案，以降低产品损耗，提升品质，确保农产品的数量与质量在产供需环节的高度匹配与有序衔接，降低企业成本，提高企业利润率。

营销管理系统主要用于商超货架采销存管理、营销活动、巡店管理、客户积分管理、APP（微信端会员商城）管理。订单管理系统主要用于各企业端客户订单管理、宅配会员及企业客户订单系统、数据分析等。

3. 拓展盈利模式

经过十多年的发展，北莱园公司已经从一家卖产品的企业向卖技术、卖服务的企业转变，实现了多元化经营。除了为北京中高端市场提供有机农产品，北莱园公司在发展壮大过程中深感农业社会化服务业发展薄弱，专业人才队伍匮乏，产业体系不健全。对北莱园来说，一方面是发展的障碍，另一方面也是发展的机遇。为此，北莱园一边壮大自己的主营业务，一边加强相关产业技术的研发以满足自身的需求，最终也拓展了自身的业务范围。

目前，北莱园公司有三种经营模式，一是农产品输出，经过十余年的发展，“北莱园”有机蔬菜品牌已经稳稳领衔北京高端市场，2020 年实现有机蔬菜销售收入 4000 万元。二是生物防控产品输出，在有机生产基地繁育生物防治产品，成立了北京阔野田园生物技术有限公司，天敌生产车间占地面积约 9800 平方米，拥有自主研发的生产线，其中包含 1 条自动化生产线。所生产的天敌产品包括巴氏新小绥螨、智利小植绥螨、异色瓢虫、鱼纹瓢虫、烟盲蝽、丽蚜小蜂、小花蝽、授粉熊蜂、授粉蜜蜂、管氏肿腿蜂等，年生产能力过亿（粒）卵头，2020 年，该公司销售额突破 2300 万元。三是服务输出，北莱园公司凭借自身较为成熟的有机供应链管理模式，正在探索以运营方的身份帮助其他基地建立科学的供应链管理系统。另外，北莱园公司还利用自身在蔬菜领域的管理经验、产品标准、加工过程管理、品牌运营、市场开发、用户服务等优势，积极参与北京市延庆区打造康庄、大榆树、井庄至永宁蔬菜产业带的整体布局以及“妫水农耕”延庆区域品牌建设整体发展规划。

（三）经验启示

在农户高度分散化、农业社会化服务体系不健全的情况下如何打造农业全产业链，构建现代农业产业体系？纵观市场作用的表现和基层涌现的经验，依托农业龙头企业，通过产权连接、合同连接、技术输出、管理输出、服务输出、品牌合作等方式，把供应链上的零散弱小的主体有序组织协同起来，使农产品的产供销环节能够纳入高效的现代农业产业体系进行管理，是重要的路径选择。通过北京“北莱园”的案例，研究认为，这种依托农业龙头企业、打造农业全产业链，提供安全优质农产品供给的模式，一是有利于推进农业生产的规模化，从而带动更多小农户进行标准化生产，纳入现代农业生产流通体系；二是有利于实现产、销信息的高度匹配，北莱园公司在生产端的茬口安排、定植管理、环境控制都是依据销售端（消费端）的大数据科学推导出来的，可以严格控制产销的匹配度，从而最大程度减少农产品信息不对称问题；三是有利于发展农业社会化服务产业，通过做大做强自身产业链，孵化农业社会化服务企业，北莱园成功提高了在北京的产品市场占有率，另外，北莱园公司还在探索以服务输出、技术输出、品牌合作等方式为其他农场或基地提供专业化的有机农业社会化服务，这些都有利于充实和丰富农业社会化服务体系的内容。

二、金叵罗村的首都生态涵养区乡村振兴实践

（一）基本情况

北京市密云区因 61 年前建成的密云水库成为首都北部最重要的生态涵养区。在“绿水青山就是金山银山”的理论指导下，密云区探索出了一条生态富民的新路子。

密云区溪翁庄镇金叵罗村位于密云水库主坝南侧 1.5 公里处，距密云城区 10 公里，距北京市区约 70 公里，村域面积 7.83 平方公里，永久基本农田 1988.31 亩，约占全镇基本农田总面积的四分之一。现有村民 1120 户，常住居民 3500 人。村庄三面被浅山环抱，只有西边有一个口子。特殊的地理条件使村里孕育了深厚的次生黄土，自古盛产小米，被形象地称为“金叵罗”。金叵罗村的人均年收入从 2012 年的 1.5 万元提升至 2022 年的 3 万元。近山不靠山、近水不靠水的金叵罗村，全村实现旅游年收入 2000 万元，旅游就业人数近 320 人，被评为全国“一村一品”示范村、中国美丽休闲乡村、全国乡村旅游重点村、密云区乡村振兴示范村。

（二）主要做法与成效

1. 认准道路发展乡村旅游

发展乡村休闲旅游是超大城市郊区农业农村资源开发利用的重要方向。乘着京郊旅游大发展的东风，2012 年，金叵罗村“两委”以市里提出的“土地流转起来，资产经营起来，农民组织起来”为指导，以加快农民增收致富为目标，编制了金叵罗村旅游发展规划。经村“两委”商议、党员大会审议、村民代表决议，确立了以“旅游 +”为主线，以旅带农，以旅促农，以乡村美丽经济促产业发展的思路。自此，金叵罗村的乡村旅游从无到有，展开了村庄发展的新篇章。

2014 年，金回罗村第一家民宿北井小院开张营业，为村庄民俗户示范了新的接待标准。到 2021 年，全村注册民俗旅游接待户共 90 余家，可同时接待 500 人住宿，近千人同时用餐。同年，村里打造了金叵罗农场原木儿童乐园，尝试为城市居民提供游、玩、学一体的乡村生活体验。2014 年 5 月和 9 月，金叵罗村成功举办首届樱桃采摘节、首届金谷开镰节。当年接待游客达到 5 万余人次，实现收入 120 万元，间接农户收入 600 余万元，同比增长均超过 50%。2018 年，村里成功举办了第一届农民丰收节，活动期间，吸引了上万市民前来参与，农场实现营业收入 50 万元，带动农产品销售、餐饮、住宿等，实现农民增收 120 万元。2020 年，第三届农民丰收节举办，农场单日接待量 6700 人次，节日 8 天共接待 4. 5 万人次，创收 200 余万元。

在村“两委”班子的带领下，金叵罗村逐渐确定了春季有农耕、夏季有采摘、秋季有秋收、冬季有节庆的固定活动。这些活动不仅打响了金叵罗的知名度，而且在带动农民增收致富方面效果显著——樱桃种植户年收入最多可达 30 万元，小米种植户年收入最多到 100 万元。2015 年，金叵罗村被农业农村部评为“全国一村一品”示范村；2018 年，被评为全国休闲美丽乡村；2020 年荣获全国乡村旅游重点村称号；2021 年，金叵罗村依托北京市农研中心资源区划处、中华女子学院（全国妇联干部培训学院）、北京林业大学马克思主义学院的专业力量，开展了红色资源的整理工作，新增了红色旅游和党建活动项目，数字红馆也已上线，在赓续红色血脉的同时，拓宽了乡村资源开发利用的视野，扩大了增收渠道。

2. 绿色转型发展生态农业

作为密云水库周边的村庄，金叵罗村要为游客奉献绿水青山，更要为本地的农业生产打造出一片净土。2012 年，村“两委”着手土壤改良，秉承自然永续的种植理念，坚持 9 年不打农药不施化肥。2016 年，北京市低碳环保协会将金叵罗村定为试点村，辅导村庄进行各项堆肥实验，同时响应中央“厕所革命”号召，在农场增设蚯蚓无水厕所，践行低碳环保的生态理念，持续不断地对村庄生态环境进行修复。2018 年，金叵罗村将农田的土壤及灌溉水样本送检，经检测达到国家自然保护区标准。金叵罗生态农场种植的绿色粮菜，每周持续供应 300 多户首都市民——每天清晨四点半采摘，当天摆上市民餐桌。2017 年，金叵罗生态农场被评定为北京市中小学校外大课堂资源单位，并作为中国儿童基金会指定的行知教育基地，为全市近万名学生提供社会实践、劳动教育、自然教育的课程。生态农业更大的社会价值被激发出来。

2021 年北京市“世界粮食日”和“粮食安全宣传周”主会场活动在金叵罗生态农场举行。溪翁庄小学的同学们表演了原创快板《珍惜粮食好风尚》、诗歌朗诵《爱惜粮食传承美德》等节目，嘉宾们带领孩子们一起举行了农场旱稻开镰仪式。现在，金叵罗村正在积极谋划建设京郊第一个耕地保护“田野大课堂”。

3. 发展集体经济努力实现共同富裕

发展壮大农村集体经济既是实现乡村振兴的基本保障，又是实现共同富裕的重要途径。2012 年，金叵罗村先后成立了樱桃合作社、农业种植合作社和民俗旅游合作社，首批入社社员分别为 218 户、658 户和 192 户。合作社依法将农民闲置的土地、农宅、果园流转过来，共流转农地 1400 余亩，统一管理实现规模经营，农民组织程度明显提高。以村里的浅丘凤凰台、龟山为中心，建立了金樱谷农场——这是全北京市唯一一家由上千村民入股自建的生态农场。三个合作社就像一台发动机，让传统农业种植村向都市现代农业发展村迈进。

截至 2021 年，全村 94% 的村民已经成为北京金樱谷农业专业合作社的股东，合作社真正代表了绝大多数村民的利益。目前合作社解决了 56 名村民就业，其中 3 名为残疾人。通过发展有机种植、农耕体验、民俗旅游等项目，间接为 400 多名妇女搭建就业平台，金叵罗村也被北京市妇联评为妇女“双学双比”活动示范基地。2021 年 3 月初，合作社克服新冠疫情影响，实现分红 100 万元。合作社还从村集体手里租赁了旧厂房、旧的村庄小学和集体山场，统一对外招商，统一向村集体上缴租金。集体经济壮大了，乡村旅游和特色农业成了乡亲们共同的致富产业。2021 年 9 月 23 日，商务部援外项目“苏里南共和国落实 2030 可持续发展议程妇女儿童专题研修班”现场云教学课程在金叵罗村进行，金叵罗农民“感党恩、庆丰收”的热烈场景深深地感染了国外学员。

（三）经验启示

续红色基因，促绿色发展，创金色未来，从美丽乡村到美丽经济，从乡村建设到乡村运营，新发展理念下，金叵罗村通过落实党建引领，夯实发展基础，把金叵罗村建设成为红色基因的传承地、“两山”理论的践行地发挥了核心作用；通过着力农业资源保护，做优生态本色，为发展绿色产业打下了坚实的生态基础和环境基础；通过立足壮大集体经济，激发内生动力，将乡村资产结合经营，推进产业融合发展，充分调动了广大农民的积极性和主观能动性，形成了共谋发展的生动局面；综合以上经验，金叵罗村农业农村资源得到了新的综合开发利用，在密云水库旁继续创造着城乡共赴、共赋、共富的红火日子。

三、通州区于家务回族乡积极发展林下经济

（一）于家务乡林下经济的基本情况

于家务集体林场自2020年6月起开始筹建，2021年1月正式运营，目前总管护面积为19389.48亩（见图4－2）。按照人均管护面积不高于50亩的标准录用固定工人共429人，解决本地户口劳动力405人，占比94.4%。

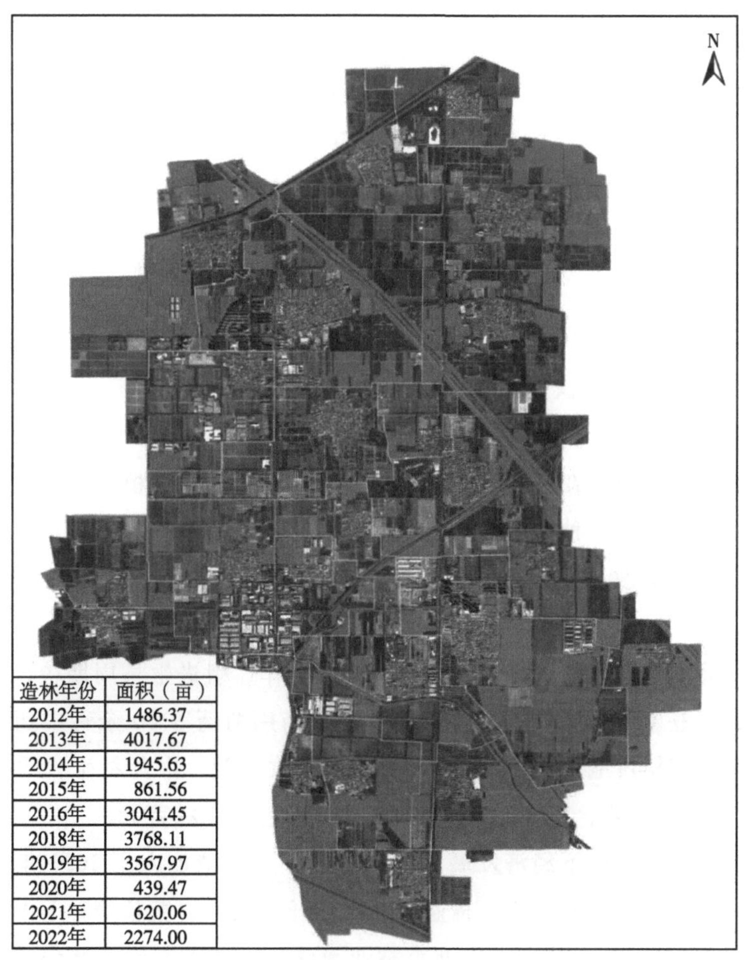

造林年份	面积（亩）
2012年	1486.37
2013年	4017.67
2014年	1945.63
2015年	861.56
2016年	3041.45
2018年	3768.11
2019年	3567.97
2020年	439.47
2021年	620.06
2022年	2274.00

图4－2　通州区于家务回族乡平原重点区域造林绿化地块

2021年，于家务乡集体林场积极探索林下种植模式，选择以“林药”为主，“林花”“林蔬”“林菌”“林草”“林蜂”等为辅的模式发展林下经济，并结合自身情况制订了“一期示范、二期扩展、三期全覆盖”的阶段性计划，示范地选址“1490地块”，地块北临采林路、南至用地南边界、东临柏肖沟、西临张凤路，该地块为2014年景观生态林项目，市级地块编号为A1210022005，总面积485.2亩。2022年，林下种植的洋葱、大蒜、秋葵、朝天椒、高粱等季节性时蔬和粮食作物相继获得大丰收，实现产值超30万元（见图4－3）。

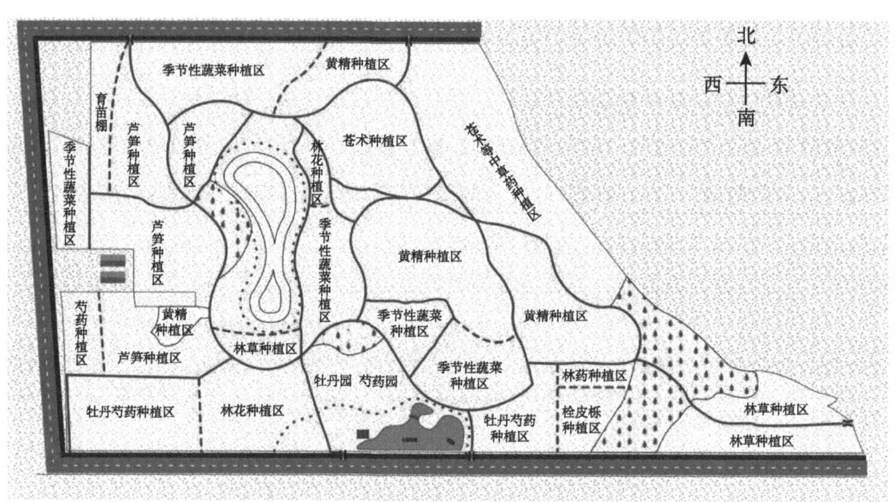

图4－3　于家务回族乡枣林村1490号地平面图

（二）于家务乡林下经济发展模式及效益分析

1. 于家务林下经济发展模式

（1）“林药”模式。“林药”模式是林下经济发展模式中较为典型的一种，是指依托森林、林地及其生态环境，在林内或林地边缘，开展药用植物种植或半野生药用植物驯化的复合经营模式，如在林下种植当归、党参、黄芪、柴胡、板蓝根、黄精、苍术等。林下种植中药材，不仅有效改善了生态，实现以种养林的良性循环，还可以带来可观的经济效益。

于家务乡集体林场与怀柔种植专业合作社开展合作，引进生长周期较长、药效好的燕山山脉鸡头黄精、苍术、射干、苦参、药用牡丹、药用芍药等10余种中药材，种植总面积近130亩，其中黄精占地60余亩，长势良好，丰收在望。中药材生长周期为2～3年，按照亩均收益7920元计算，3年后将会为林场带来收益约103万元。

药材种植是于家务乡林下经济发展的重点项目，并申请加入了2023年第一批中央财政林业科技推广示范项目，即与北京林业大学合作开展项目“黄精等林下中药材生态培育技术在北京的示范与推广”，该项目由北京林业大学任建武教授牵头并作为技术指导，林场专家站站长王山宁作为病虫害防治技术顾问。

（2）“林花”模式。“林花”模式是指依托森林、林地及其生态环境，在林内或林地边缘，开展具有一定观赏价值或经济价值花卉种植的复合经营模式。林下阴湿、温凉、厚腐殖质的自然环境是大多数兰花和阴生植物花卉最适宜生长的处所。

于家务乡根据林下的遮阴程度，选择适宜的耐阴花卉，具有一定的观赏性，部分花卉还具有一定的药用价值。林场从北京丰茂园林绿化工程公司引进了牡丹、芍药、落新妇、八宝景天、月季、绣球花等花卉幼苗。除此之外，还充分利用温室大棚提高花苗质量、加速花苗生长、缩短育苗周期的特性，在大棚培育花苗 3 万余株，全部用于村头片林及其他地块景观的提升，既提升了景观效果，又节省了成本。

（3）“林蔬”模式。“林蔬”模式也称为“林菜”模式，是指依托森林、林地及其生态环境，在林内或林地边缘，开展蔬菜或野菜种植的复合经营模式。通过根据林间光照强弱及各种蔬菜的不同需光特性，科学地选择种植种类、品种，发展蔬菜种植，进而实现效益提升。

依托于家务国际种业科技园区平台，于家务乡与中农绿通合作，利用防虫网、粘虫板、有机肥、草木灰等方法大力发展无公害绿色蔬菜产业，既达到生长周期短、经济见效快的目的，又能提高土壤肥力，促进林木健康生长，从而提高土壤质量，使之更适宜种植中药和花卉，最终达到将“林蔬”模式转变为“林药”和“林花”模式的目标。

根据不同季节，于家务乡依托林地陆续种植了大蒜、洋葱、生菜、娃娃菜、韭菜、辣椒、芦笋、韭菜、秋葵、萝卜、白菜、土豆等季节性时蔬，累计种植面积超 150 亩。

（4）“林菌”模式。“林菌”模式是指依托森林、林地及其生态环境，在林内或林地边缘，开展的食用菌的栽培和人工保育的复合经营模式。利用林下地区阴凉和潮湿的环境种植生性喜阴的食用菌，不仅可以有效控制生产成本，提高产量，还可以为树木生长提供天然有机肥料，相互贴合生长，极具经济效益。

2022 年 11 月起，于家务乡林场以林地生物质与土地资源为依托，充分利用林下空间与局部小气候，选择适合本地的真菌菌种与菌株，先后种植了猴头菇与木耳。同时，为进一步保证种植的规范化和科学化，乡林场邀请中国林业科学研究院森林生态环境与保护研究所李永博士莅临指导木耳种植技术，进一步推动林下经济，形成良性循环。

（5）“林草”模式。“林草”模式是指依托森林、林地及其生态环境，在林内或林地边缘，开展饲草或绿肥植物等种植或利用的复合经营模式。通过种植绿肥植物可达到固水土、肥土地的目的，于家务乡发展“林草”模式选用耐寒的草类植物，既可用于示范地的绿化、观赏，又可育苗用于村头片林及其他地块景观的提升。截至 2022 年，已种植麦冬草、丹麦草苔草、鼠尾草、矾根等超 40 亩。

（6）“林蜂”模式。“林蜂”模式是指依托森林、林地及其生态环境，利用森林中蜜源和粉源植物在林内或林地边缘，开展蜂业生产的“林－蜂”复合经营模式。通过在林下养蜂可以促进植物间的授粉行为，有助于植物的繁殖与天然更新。

于家务乡根据原有林地植物的种类和面积，以及发展林下经济以来人工种植的蜜源植物，如牡丹、芍药、月季、黄精、金丝皇菊等，在林中养殖蜜蜂，获取蜂产品，从而不断提高养殖和种植效益，争取实现双重效益最大化。

2. 于家务林下经济效益分析

于家务乡大力探索林下种植模式，发展林下经济，对促进乡村振兴，增加集体产业收入，提升农民生活幸福感具有积极作用，同时也兼具有一定的生态效益与社会效益。

（1）经济效益。根据实地走访调研，乡内因地制宜发展以“林药”为主，“林花”“林蔬”“林菌”“林草”“林蜂”等为辅的林下经济发展模式，林下经济一期示范地总面积485.2亩，在“一期示范、二期扩展、三期全覆盖”的阶段性计划指引下，于家务乡林下经济发展前景大有可期。根据实地调研，2022年林下种植的洋葱、大蒜、秋葵、朝天椒、高粱等季节性时蔬和粮食作物相继获得大丰收，实现产值超30万元，收益占比居多的作物为秋葵、洋葱及白菜，分别为27%、26%和15%。林下种植的中药材总面积近130亩，生长周期为2～3年，预计收益103万元。

（2）生态效益。生态振兴是乡村振兴的重要支撑，发展林下经济牢固树立和践行了“绿水青山就是金山银山”的理念，改善了林地生态环境，保护了生态资源，究其核心是遵循自然和生态规律，从促进生态和保护生态中创造价值，实现循环利用与可持续发展，是以农、林、牧为一体的复合型、资源共享式的经济。于家务乡集体林场在种植中药材期间采用清洁化生产、绿色防控等生态保育措施，科学地营造出林药复合系统，在保证了中药材的质量和安全的同时，实现生态经济的良性循环。

（3）社会效益。不断探索推动林下经济发展，一方面可以有效盘活林区闲置土地，促进农业的转型升级；另一方面在推广发展过程中，将直接拉动和间接带动劳动力就业，增加就业机会，带动农民增收致富，缓解区域内劳动力人口流失。于家务乡集体林场按照人均管护面积不高于50亩的标准录用固定工人共429人，解决本地户口劳动力405人，占比94.4%。

在乡村振兴发展战略中，林业发挥着至关重要的作用。发展林业产业，不仅有助于生态可持续发展，保护生物多样性，而且还可以带来巨大的经济和社会效益，将林下经济与乡村振兴战略相结合，推动林业产业更加科学化、系统化、高效化发展，拓宽致富道路，实现一二三产业的深度融合发展，助力乡村振兴。

第五章　北京都市型现代农业产业高质量发展方向

展望“十四五”，全市农业科技必须主动适应新形势、迎接新挑战、满足新需求，强化掌握科技竞争先机，为全面实施乡村振兴战略及率先基本实现农业农村现代化提供有力支撑。“十四五”时期，“三农”工作重心转向全面推进乡村振兴、加快农业农村现代化，更多资源要素向农业农村集聚，为北京市农业科技发展提供了良好的外部环境。“十四五”时期是全面建设社会主义现代化国家新征程的起步期，也是北京建设国际一流的和谐宜居之都的关键期，新形势孕育着新机遇，也面临新的挑战。

第一节　依靠科技支撑 实现产业振兴

一、农业生产结构不断优化，高端化成为主要发展方向

全面推进乡村振兴、加快农业农村现代化，亟须科技塑造发展新优势。《北京市“十四五”时期农业科技发展规划》中提出，在关键技术攻关上，力争在农作物杂交育种、基因编辑、耕地修复等方面取得新突破；在智能装备、微生物产品和制剂创制、高效设施农业、重大动植物疫病检测与防控等领域形成一批具有自主知识产权的技术产品。而北京作为首都城市的农业定位必将向着高端化的方向不断发展，农业生产结构不断优化，籽种农业、设施农业、数字农业、低碳生态循环农业、景观休闲农业、特色农业、智慧农业等不断发展，高端化的发展是应对农业生产资源紧张和满足世界城市建设需求的根本途径。2025 年将要达到农业科技进步贡献率 77%、选育具有较高市场占有率的优质品种 20 个、研发新型生物投入品或制剂创制数 3 ~5 个、建设智慧农业应用场景 3 ~5 个、智能连栋温室番茄产量水平 48 公斤/平方米、农作物良种覆盖率 98%、设施农业机械化率 55%、主

要农作物化肥利用率 43%、主要农作物农药利用率 45%、畜禽粪污综合利用率大于 95%、国家和市级现代农业科技示范基地 100 个（见图 5－1）。

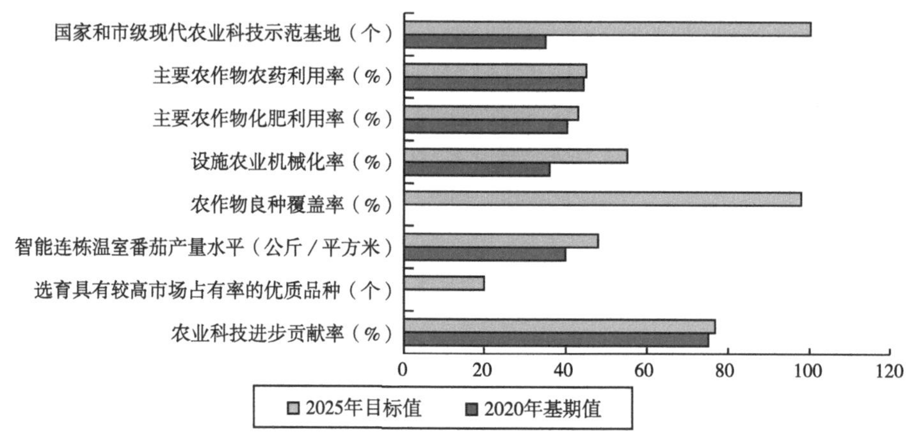

图 5－1　“十四五”时期北京农业科技发展主要指标

二、科技资源集聚，农业转型升级得到有力支撑

首都人才聚集高地优势为北京提供得天独厚的农业科技资源条件。北京市现有中国农业大学、北京林业大学、北京农学院、北京农业职业学院等农业综合性院校 4 所，北京大学、清华大学、中国人民大学等 14 所高校开设了涉农院系，聚集了数量众多的农业科技人才。全市有涉农院士 44 人（中国工程院院士 26 人，中国科学院院士 18 人），涉农“长江学者”56 人，涉农国家高层次人才特殊支持计划入选人才 69 人，为北京农业高质量发展提供了战略人才储备。“十三五”期间，北京市已经建设 7 个国家农业科技园区、3 个国家现代农业科技示范展示基地、35 个市级农业科技示范基地，成为农业科技成果转化与推广的重要平台。基于独特的人才聚集优势，北京“十四五”时期现代农业转型具有良好的发展前景。

三、农村集体经济稳步壮大，农民生活水平日益提高

北京市 2017—2021 年农业经济不断发展，从农村居民收入水平增速和消费水平增速中可以看出，近 5 年整体上农村农业经济呈现上升的趋势，受到新冠疫情的影响，除在 2020 年，农村居民的收入和消费支出下降外，在 2021 年，又逐渐恢复了增速，且增长幅度较大。可见，农村农民的生活水平日益提高。农业经济的发展离不开第一产业的增长，从北京市统计公报获得的数据，可以看出随着一二三产业不断地融合发展，近 5 年，第一产业的增长速度整体上呈现上升趋势，但是同样的受到多种因素的影响，在 2020 年出现下降，不过经过社会环境及其他因素的变化，2021 年第一产业又实现正向增速，发展趋势良好（见图 5－2）。

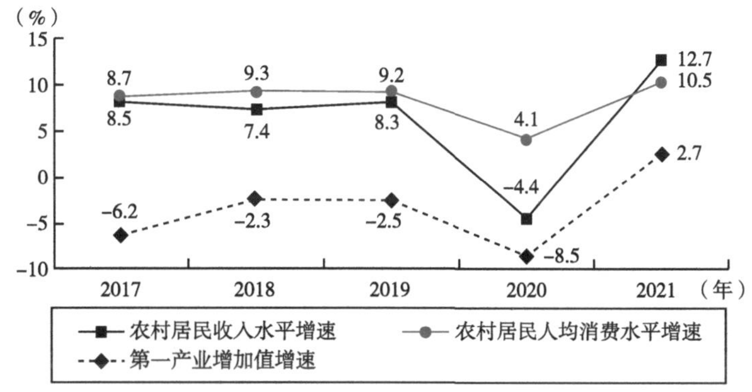

图 5-2 北京市 2017—2021 年农业经济发展情况

资料来源：《北京市国民经济和社会发展统计公报》。

四、聚焦技术人才培育，补齐发展短板

（一）强化乡村人才队伍建设

瞄准乡村人才结构短板，全面培育乡村教育、医疗、科技、文化、经营管理等方面的人才。教育关联到乡村后备劳动者的素质，乡村教育的相对落后难以适应乡村振兴的长远需求，而实现乡村教育现代化的关键在于提升乡村教师水平和吸引优秀教师到乡村从教。乡村医疗卫生队伍的建设也是改善乡村基本公共服务的重要方面。乡村的农业科技人才、经营管理人才、法律服务人才、社会工作人才和文化人才的短缺，影响到乡村的产业发展、乡村纠纷解决机制、乡村治理能力提升和乡村文化繁荣。建设农业强国，离不开农业人才的培养。推进乡村振兴战略的实施，亟须加强乡村人才队伍的建设，瞄准乡村人才的短板，重点培养短缺人才。

（二）加强农业技术推广服务能力提升

北京市农业发展规划提出，在科技创新资源布局上，推进以北京·京瓦农业科技创新中心为引擎的中国·平谷农业中关村建设，孵化一批高质量的技术成果，打造科技创新前沿和高地。以国家农业科技园区、国家现代农业科技示范基地等为载体，承接中国·平谷农业中关村的创新成果，逐步打造一批科技示范基地和乡村振兴科技示范村镇的“北京样板”，形成一批可复制可推广的技术模式。创新团队的建设与完善，不仅能够为北京市现代农业的发展提供科技保障，还能够培养一大批的专业涉农人才，打造“一对一”针对性科技服务平台，通过 AI 和远程智能诊断服务等方式提供及时化、智能化和便捷化的科技服务，形成跨部门、跨区域数据共享共用格局。搭建“一对多”科技推广普及服务平台，重点打造北京市农业科技大讲堂线上和线下科技培训品牌，借助新媒体提高科技传播效率。组织科技成果路演等体验和推广活动，打造和宣传北京农业的科技品牌，以市场需求驱动农业科技的转化应用，更好地服务推广现代农业技术，让农户真正地学到农业知识与

技能，提升北京现代农业发展水平。

（三）培育本土人才和吸引人才下乡相结合

解决乡村人才短缺问题，需要从两个方面着手，一是培养留得住、用得上的本土人才，二是采取措施引导城市人才下乡。实施乡村振兴人才支持计划，组织引导教育、卫生、科技、文化、社会工作、精神文明建设等领域人才到基层一线服务，支持培养本土急需紧缺人才。实施高素质农民培育计划，开展农村创业带头人培育行动，提高培训实效。大力发展面向乡村振兴的职业教育，深化产教融合和校企合作。完善城市专业技术人才定期服务乡村激励机制，对长期服务乡村的在职务晋升、职称评定方面予以适当倾斜。引导城市专业技术人员入乡兼职兼薪和离岗创业。允许符合一定条件的返乡回乡下乡人员在原籍地就业创业落户。继续实施农村订单定向医学生免费培养项目、教师“优师计划”“特岗计划”“国培计划”，实施“大学生乡村医生”专项计划。实施乡村振兴巾帼行动、青年人才开发行动。

第二节　挖掘乡村特色文化 拓展农业多功能性

一、农业多功能性日益增强，开启首都现代农业新征程

都市农业具有经济功能、社会功能、生态功能三大功能，北京作为首都，更应该担负起农业多种功能，利用现代工业、科技创新，大幅度地提高农业生产力水平，为都市居民提供新鲜的蔬菜、畜禽、果品及水产品；为都市居民提供接触自然、体验农业的机会以及观光、休闲的场所，减轻工作及生活上的压力，达到身心舒畅、强健体魄的目的；都市农业可以促进城乡文化交流，并且可以直接对都市居民及青少年进行农技、农知、农情、农俗、农事教育，因而具有较强的教育功能。都市农业还可以营造优美宜人的绿色景观，改善自然环境、维护生态平衡，充当都市的绿化隔离带，防治城市环境污染以保持清新、宁静的生活环境，并有利于防止城市过度扩张。

二、乡村新业态涌现，推动乡村产业融合发展

乡村要振兴离不开产业的振兴，每个村庄具有不同的资源禀赋，面临的具体问题也不尽相同。结合实际培育乡村新产业新业态，不断吸纳人才留在农村，推动乡村产业高质量发展。继续支持创建农业产业强镇、现代农业产业园、优势特色产业集群，支持国家农村产业融合发展示范园建设，深入推进农业现代化示范区建设。实施文化产业赋能乡村振兴

战略，实施乡村休闲旅游精品工程，推动乡村民宿提质升级。数字农业创新团队致力于建成 1 个农业多维数据分析与应用平台、打造 7 大产业数字化应用场景、建立 1 套数字农业建设标准体系。深入实施“数商兴农”和“互联网 +”农产品出村进城工程，鼓励发展农产品电商直采、定制生产等模式，建设农副产品直播电商基地。提升净菜、中央厨房等产业标准化和规范化水平，培育发展预制菜产业。

三、打造“一村一品”，发挥本地文化资源优势

发展“一村一品”是推动乡村产业集聚化、标准化、规模化、品牌化发展的重要途径，是提高农产品附加值、拓宽农民增收渠道的重要举措。北京市再添 9 个“一村一品”示范村镇：海淀区上庄镇西马坊村（京西稻）、通州区西集镇沙古堆村（通州大樱桃）、房山区韩村河镇圣水峪村（香椿）、平谷区大华山镇西牛峪村（玉露香梨）、顺义区龙湾屯镇焦庄户村（苹果）、延庆区四海镇前山村（京水源菊花茶）、怀柔区桥梓镇岐庄村（岐庄尜尜枣）、昌平区十三陵镇康陵村（正德春饼宴）、怀柔区渤海镇（怀柔板栗）。“一村一品”示范村镇、全国乡村特色产业十亿元镇亿元村要珍惜荣誉，进一步发掘乡村产业的功能价值，开发特色产品，促进一二三产业融合发展，形成产村、产镇深度融合的发展格局。

四、加强农村精神文明建设，注重家教家风建设

“一手抓物质，一手抓精神”，精神建设是创建文明社会的重要一步，是营造美好和谐乡村生活氛围的关键。加强农村精神文明建设，深入开展社会主义核心价值观宣传教育，继续在乡村开展听党话、感党恩、跟党走宣传教育活动。深化农村群众性精神文明创建，拓展新时代文明实践中心、县级融媒体中心等建设，支持乡村自办群众性文化活动。注重家教家风建设，深入实施农耕文化传承保护工程，加强重要农业文化遗产保护利用，办好中国农民丰收节。推动各地因地制宜制订移风易俗规范，强化村规民约约束作用，党员、干部带头示范，扎实开展高价彩礼、大操大办等重点领域突出问题专项治理，推进农村丧葬习俗改革。

第三节 守护绿色底色 坚持农业生态发展

一、坚持绿色低碳发展理念，农业投入品减量增效

近些年，各地以绿色发展为导向，更加注重资源节约，更加注重产品质量，农业绿色

发展迈上新台阶。强化增产和绿色双重导向，按照高效化、安全化、低碳化、循环化、智能化和集成化的要求，提高绿色增产增效产品技术供给能力。新时期，贯彻落实“两山”理论，坚持绿色生态发展，加快农业投入品减量增效技术推广应用，推进水肥一体化，建立健全秸秆、农膜、农药包装废弃物、畜禽粪污等农业废弃物收集利用处理体系。推进农业绿色发展先行区和观测试验基地建设，健全耕地休耕轮作制度，加强农用地土壤镉等重金属污染源头防治，强化受污染耕地安全利用和风险管控，建立农业生态环境保护监测制度，出台生态保护补偿条例。严格执行休禁渔期制度，巩固退捕渔民安置保障成果。持续开展母亲河复苏行动，科学实施农村河湖综合整治。加大草原保护修复力度，巩固退耕还林还草成果，落实相关补助政策。严厉打击非法引入外来物种行为，实施重大危害入侵物种防控攻坚行动，加强“异宠”交易与放生规范管理。

二、扎实推进宜居宜业和美乡村建设，不断提升生活幸福感

美好的村居环境，是乡村振兴的题中应有之义。近年来，各地各部门多措并举推进美丽乡村建设，村庄环境越发整洁，农业生产更加绿色，生态环境逐步改善，为乡村群众留住了鸟语花香的田园风光。随着经济水平的不断提高，农民对于生态健康越来越重视，2023 年中央一号文件也指出，要加强村庄规划建设、扎实推进农村人居环境整治提升、持续加强乡村基础设施建设、提升基本公共服务能力，不断提升人民生活的满足感、幸福感。广大村民既是美丽乡村的受益者又是美丽乡村的主要建设者，通过宣传教育让他们转变观念，提升环保意识，在生产生活中自觉贯彻环保理念，减少污染物的排放量，提升村居环境整治的效果。

第四节　强化多方协同 加强基层组织建设

一、城乡一体化持续推进，农业支持力度有增无减

城乡居民人均可支配收入比和人口城镇化率两个指标可以衡量北京市城乡一体化进程。城乡居民人均可支配收入比越小代表城市与农村人口收入差距越小，一般认为当城镇化水平 70% 以后，城市文明的普及率将达到 100%，即实现了城乡一体化。北京市的城乡居民人均可支配收入比整体上呈现缓慢减少的趋势，也就意味着农村与城市的收入差距在逐渐减少。从人口城镇化率可以看出，北京市近 5 年的城市常住人口占总人口的比率基本维持在 87% 左右，大于城镇化水平 70%，即北京市的城市文明普及率达到 100%（见图 5－3）。

在对农业的支持政策上，北京市先后出台多种农业支持政策，如《北京市加快推进数字农业农村发展行动计划（2022—2025年）》《北京市设施农业发展以奖代补项目实施办法》等，可见北京市政府对农业的支持力度有增无减，新时期的农业发展迎来前所未有的新机遇。

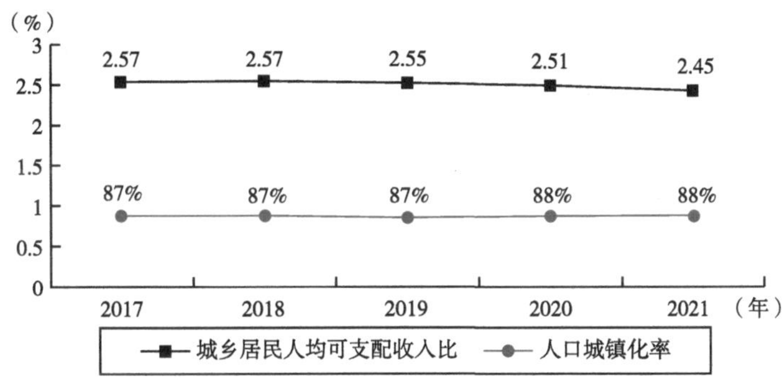

图5－3　北京市2017—2021年城乡一体化进程

资料来源：《北京统计年鉴》。

二、强化基层组织建设，提升乡村治理效能

办好农村的事，实现乡村振兴，关键在党。强化农村基层党组织政治功能和组织功能，强化县级党委抓乡促村责任，深入推进党建助力乡村振兴。全面提高乡镇、村班子领导乡村振兴能力，提升乡村治理效能，坚持以党建引领乡村治理，强化县乡村三级治理体系功能，压实县级责任，推动乡镇扩权赋能，夯实村级基础。全面落实县级领导班子成员包乡走村、乡镇领导班子成员包村联户、村干部经常入户走访制度。健全党组织领导的村民自治机制，全面落实“四议两公开”制度。

第六章　北京都市型现代农业产业现状与发展趋势

第一节　产业现状与发展趋势

一、数字农业产业现状与发展趋势

“十三五”期间，北京市围绕设施农业、农产品电商和信息进村入户等方面进行试点示范，取得了一定成效，但与全国其他省市相比仍处于中等水平。据全国县域数字农业评价报告显示，2020 年北京市数字农业农村总体水平为 34.9%，低于全国平均水平，全国排名第 17 位。

（一）生产数字化水平低、差异大

“十三五”期间，北京市推进农业数字化转型，围绕设施农业领域，先后启动了农业物联网示范基地、智慧农园、数字菜田等项目建设。试验示范了一批农业物联网关键技术和智能装备，开展了云计算、大数据、人工智能技术能在农业生产经营管理中的应用，在一定程度上提升了农业生产智能化水平。但是，根据全国县域数字农业评价报告显示，2020 年北京市农业生产数字化水平为 16.46%，全国排名第 25 位，低于全国平均水平 6.04 个百分点，比浙江省、上海市分别低 25.14、22.94 个百分点，同时，还存在农业产业间数字化水平差异较大的问题。从行业看，畜禽养殖信息化水平相对较好，为 25.18%，全国排名第 15 位，大田种植、设施栽培、水产养殖分别为 18.7%、5.84% 和 10.69%，排名全国第 23 位、第 29 位、第 18 位，产业间数字化水平差异明显。

（二）农产品电商快速发展，本地农产品份额较低

“十三五”期间，北京市积极推进信息技术与农产品产业链的深度融合，推动电子商务企业、农业龙头企业、合作社与社区开展合作，拓宽农产品销售渠道，促进优质优价农产品走向市场，鼓励电子商务平台企业服务下沉农村，推动农民利用资源优势发展特色农产品电子商务产业。北京市已建有电子商务服务站点5000个，覆盖行政村3245个，行政村覆盖率达83.87%，高于全国平均水平4.97个百分点，比东部地区平均水平高3.17%，全国排名第13位。2020年北京市农产品网络零售额为10.6亿元，农产品网络零售额占比为9.61%，低于全国平均水平4.19个百分点，比浙江省、上海市分别低27.89、9.19个百分点，全国排名第19位。

（三）信息服务持续开展，整市推进信息进村入户

“十三五”期间，依托“12316”“三农”服务热线（2018年正式并入12345热线中心），205名专家团队直接面向农民提供接诉即办、投诉举报、信息咨询等服务43.6万次。按照农业农村部要求，2020年北京市“整市推进”信息进村入户工程，13个涉农区建设益农信息社3301个（占总村数85%），面向村民开展公益服务、便民服务、电子商务、培训体验服务和数据信息采集服务等，村级益农信息社累计提供公益服务6.34万次。

总体来看，在数字技术和数字经济快速发展的大背景下，大力发展数字农业已经成为全国各省市持续推进乡村振兴、加快农业农村现代化的共识。北京市数字农业发展面临诸多挑战，数字化基础设施亟待加强、数据资源体系建设亟待强化、创新和研发能力亟待提升、数字农业应用场景亟待拓展、长效机制和运营模式亟须完善。

二、景观休闲农业产业现状与发展趋势

休闲农业作为北京市乡村振兴战略实施中的重要产业，近几年产业提档升级持续加速，精品亮点不断涌现，政策体系全面形成，全市休闲农业已经进入提质增效阶段。

（一）产业效益稳步提升，联农带农效果显著

2021年，北京市休闲农业和乡村旅游接待游客2520.2万人次，比上年增长34.2%，实现收入32.6亿元，增长30.4%。休闲农业带动农产品销售收入10.1亿元，占休闲农业营业收入三成。带动农民就业3.38万人，同比增长7.31%，从事休闲农业的农民占从业人员数五成以上，从业人员年人均工资3.29万元，同比增长11.15%。

（二）产品类型丰富多元，人均消费持续提升

以消费多元化、个性化、高端化需求为导向，北京市持续拓展农业“生产、生活、生态”多种功能，深度推进农业与观光休闲、特色餐饮、乡村民宿、科普教育、文化创意、新媒体等行业跨界融合，休闲农业新业态、新模式不断出现，直接带动休闲农业人均消费的稳步提升，进一步凸显产业优势与活力。人均消费水平由疫情之前2019年的108.73元/人，提升到2021年的129.35元/人，增长18.96%。

（三）示范创建形成规模，特色载体形成亮点

截至2021年年底，北京市2个区获得全国休闲农业重点县称号，7个区获得全国休闲农业和乡村旅游示范区称号，成功打造了21个国家休闲农业与乡村旅游示范点、76个市

级以上美丽休闲乡村、82 个国家级星级园区、224 个市级星级园区、5732 个星级民俗接待户、1508 个乡村民宿。中国农民丰收节、大兴西瓜节、平谷桃花音乐节、海淀樱桃文化节等农事节庆活动成为北京市休闲农业新名片。“门头沟小院 +”乡村综合体、延庆乡村民宿集群等区域品牌家喻户晓。涌现了以田里花间、老友记为代表的一批原味民宿，以金叵罗村、柳庄户村为代表的乡村综合体。“京华乡韵”休闲农业区域品牌影响力持续扩大。

（四）产业政策体系完善，指明产业发展方向

近年来，北京市持续加大对休闲农业政策引领和指导，推动休闲农业提档升级。陆续出台了《北京市休闲农业“十百千万”畅游行动实施意见》《北京市“十四五”时期休闲农业发展实施规划》《北京市“十四五”时期乡村特色产业发展实施规划》《北京市“十四五”时期农业文化遗产保护与发展实施规划》《北京市促进“乡村民宿 +”产业提升的若干措施》等系列文件，明确了产业发展方向和发展路径，为北京市景观休闲农业创新团队明确了研究重点、创新方向和示范阵地。

三、食用菌产业现状与发展趋势

“十四五”时期是开启全面建设社会主义现代化国家新征程、向第二个百年奋斗目标进军的第一个五年，是实现巩固拓展脱贫攻坚成果与乡村振兴有效衔接、加快农业农村现代化的关键时期。食用菌产业具有高效、循环、绿色的特点，在我国脱贫攻坚中发挥了重要作用。在北京土地资源稀缺、农业生产空间不断压缩的背景下，食用菌产业的持续发展为丰富市场供应、确保农民增收、提供应急食品、减轻生态压力、优化种植结构开辟了一条重要途径。

为全面贯彻落实“加快现代农业产业技术体系建设步伐，提升国家、区域创新能力和农业科技自主创新能力，为现代农业和社会主义新农村建设提供强大的科技支撑”这一国家战略，2008 年由农业部、财政部牵头启动建设试点，北京市农业农村局（原北京市农业局）、北京市财政局共同提出建设实施方案，在 2009 年 4 月启动成立产业创新团队。经过对产业的分析、遴选，食用菌具有较高的营养价值和保健功能，是市民非常喜爱、不可或缺的绿色健康食品，在北京农业产业中具有重要地位，在此背景下于 2011 年 5 月建立现代农业产业技术体系，并成立北京市食用菌创新团队运行至今。经过多年的探索和发展，北京市食用菌产业已呈现出总体产量趋稳、市场占比突出、珍稀品种不断涌现、生产方式加速转型、发展形势持续有利的良好局面。

（一）总体生产趋于平稳

“十三五”以来，北京市食用菌品种进一步丰富，科技含量不断提高，生产方式更加绿色，组织化程度持续提升，发展成效较为显著。2021 年，全市食用菌总种植面积 2.69 万亩，占全市蔬菜播种面积的 3.9%；产量达到 6.9 万吨，占全市蔬菜产量的 4.7%。食用菌产业已发展成为北京市“菜篮子”和应急供应保障的重要组成部分，满足了首都市民对农产品的多元化需求。

（二）产业结构优化调整

食用菌产业发展呈现出如下特征：一是种植品种趋于多元化，平菇种植面积稳定，香菇种植面积有所减少，大球盖菇、茶树菇、秀珍菇等珍稀食用菌及灵芝等药用食用菌品种发展较快，同时，通州和房山工厂化食用菌品种、密云黑木耳、昌平灰树花等逐渐形成地域特色；二是生产主体主要以普通农户的家庭经营为主，合作社和企业等新型经营主体占比不高，但产量贡献和产业化带动作用较为明显；三是产业布局呈现由近郊向远郊扩展的趋势，房山、通州等区食用菌产业规模较大，延庆、密云、怀柔等区食用菌产业近年来发展趋势向好；四是产业融合初见成效，食用菌产业初步带动了林下经济、观光采摘、园艺康养、科普教育等融合性产业的发展。

（三）生产方式加速转变

食用菌生产日益朝着绿色、循环、低碳的方向发展。全面推进“煤改电”和“煤改气”的“双替代”改造，改变了食用菌灭菌、烘干、加温等环节使用燃煤的传统，实现了清洁化生产。加速发展林下经济，消纳了大量林地枝杈资源，实现了农林复合化生产。大力推广废菌棒及菌渣无害化处理和循环利用技术，实现了菌糠的资源化利用，减少了对环境的污染。推广应用基质创新、病虫害绿色防控等技术，提高了食用菌质量水平、出菇品质及经济效益。

（四）综合效益持续提升

食用菌产业效益较高，亩均效益可达 3 万元以上。食用菌产业发展有效带动了劳动力就业，促进了农民增收致富，产生了良好的经济社会效益。房山区蒲洼乡东村林下食用菌基地年均实现产值达 80 万元，解决村内就业 35 人，带动 49 户农家乐从事“蘑菇宴”，助推当地民俗旅游业发展，年均接待游客 2.5 万人次，年均旅游综合收入达 200 万元以上，户均增收达万元以上。

四、粮食作物产业现状与发展趋势

（一）产业现状

从种植规模来看，自 1978 年北京市有农作物播种面积数据记录统计以来，随着城市化进程推进与功能疏解的影响，北京市农作物播种面积从最初的 69.1 万公顷逐年减小，截至 2021 年年底，北京粮食作物播种面积 91.4 万亩，产量达到 37.8 万吨。

从品种结构来看，玉米在北京市粮食作物生产中大幅领先排在首位。2021 年玉米播种面积为 64.2 万亩，占 70.2%。小麦位居第 2，播种面积达到 19.6 万亩，占粮食作物播种面积的 21.4%，两者合计占粮食播种面积的 91.6%。北京地区豆类播种面积 2.6 万亩、薯类播种面积为 2.4 万亩、谷子播种面积约为 2 万亩、糜子播种面积约为 2 千亩。鲜食玉米种植面积约 3.5 亩，占全市玉米种植面积的 5%，糯玉米占 65%，甜玉米占 35%。

从区域分布来看，粮食作物主要分布在房山、顺义、密云和延庆4个区，播种面积占全市粮食播种面积的3/2以上。其中，甘薯主要分布在大兴、密云、平谷和房山，4个区的薯类播种面积占全市91.1%，近2/3种植在大兴和密云。鲜食玉米主要分布在房山、大兴、平谷、密云和顺义5个区，播种面积占全市播种面积的71.6%（见表6-1）。

表6-1　2021年北京市粮食作物生产情况

品种	播种面积（万亩）	产量（万吨）	单位面积产量（公斤/亩）
粮食作物	91.4	37.8	431.1
谷物	86.3	36.5	422.2
其中：小麦	19.6	6.8	349.4
玉米	64.2	29.0	452.6
豆类	2.6	0.4	152.1
薯类	2.4	0.9	371.1
夏粮	19.6	6.9	349.0
秋粮	71.7	30.9	430.7

资料来源：《北京市统计年鉴（2022）》、北京市统计局。

（二）发展趋势

1. 确保粮食安全是重大政治责任

粮食安全是“国之大者”，是政治责任，北京作为我国的首都，也是特大型城市和粮食主销区，保障粮食安全责任重大。虽然北京市域耕地面积少，但同样要扛起粮食安全的政治责任。2021年，北京市全面推行实施“田长制”，严格落实永久基本农田特殊保护制度。目前，北京市已运用“党政同责”策略落实粮食安全，将粮食播种面积的指标分解到各区，北京市粮食播种面积已开始恢复性增长。

2. 打造现代种业发展高地

按照《北京加强全国科技创新中心建设总体方案》《北京市“十四五”时期乡村振兴战略实施规划》等相关要求，北京市要建设农业“中关村”，打造现代种业发展高地；聚焦有创新基础的玉米、小麦、蔬菜等优势物种，选育推广一批都市精品籽种；加大地理标志产品保护技术研发和品种选育；培育绿色高效、适宜轻简化栽培及全程机械化生产方式的农作物新品种，落实建立市级农业种质资源保护体系；促进科企深度融合，培养一批在全国有影响力的现代种业企业，建立健全商业化育种体系。

3. 农机农艺融合促进全程机械化

新一代农民更加向往有体面的劳动和有尊严的生活，机械化程度的高低已直接影响农民的农业生产意愿。2020年，北京市主要农作物耕种收综合机械化水平达90.9%，小麦机播率和机收率、玉米机播率均实现了100%。但必须清醒认识到，京郊农机化发展仍然存在较多薄弱环节，玉米机收籽粒水平尚低，鲜食玉米、甘薯、谷子等收获等环节机械化尚处于试验阶段。《北京市“十四五”时期乡村振兴战略实施规划》提出到2025年主要农作物耕种收综合机械化率达98%以上，加强农机农艺融合能够加快推进薄弱环节机械化发展。

4. 持续推进农业绿色安全生产

围绕减肥、减药、减抗目标，推动农业生产向高质量绿色发展方式转变；重点研发绿色投入品、病虫害绿色防控等高产高效种植技术、产品及模式；加大研发新型土壤调理剂、生防制剂等绿色防控品；完善作物生育期全链条绿色防控技术体系研究与示范，加强防控机制研究，提升绿色植保水平；选育和筛选资源利用高效、优质高产多抗的农作物新品种。针对北京市鲜食玉米、甘薯、杂粮等生产植保问题，还需加快研发和应用配套绿色病虫害防控技术。

5. 加快采后处理与减损技术研究与应用

围绕首都超大型城市对鲜食营养健康农产品需求，聚力推进农产品产后减损和贮运保鲜的先进适用加工技术与装备创新，研制面向普通大众及特殊人群的多功能、多元化农产品加工制品；研究主要生鲜农产品产后供应链产品与环境应激响应互作调控机制及其保质减损控制措施。针对北京市鲜食玉米和甘薯采后保鲜、贮藏等环节存在的问题及技术需要，亟须开展采后品质劣变调控机制研究、采后商品化处理及贮藏保鲜技术研发、甘薯采后防腐保鲜和智能化贮藏技术的研发、集成与示范应用等。

五、特色作物产业现状与发展趋势

北京作为我国重要的政治、经济和文化中心，其农业发展历史也同样源远流长，形成了众多极具特色的农产品。北京市的草莓和西甜瓜作为都市农业发展的重要组成部分，产学研紧密结合，逐渐形成优质、高效的绿色生态产业，在优化农业结构、增加农民收入、提高人们生活质量、促进乡村振兴等方面发挥了重要作用，成为承载京郊农民获得稳定收入和市民休闲采摘的支柱产业。

草莓在北京各区均有种植，总面积1.28万亩，年产草莓1.95万吨，总产值超5亿元，与2015年相比，生产面积增长21.3%，总产量增长32.7%，发展稳定，以顺义、昌平、平谷、通州和密云等区的面积较大，主要栽培模式为日光温室促成栽培，土壤栽培占比92.1%，基质栽培占比7.9%。全市西甜瓜种植面积为3.93万亩，优势产区集中在大兴和顺义。西瓜生产面积为3.6万亩，甜瓜全年生产面积约为0.33万亩，年均产量12.7万吨，产值约6.3亿元，亩产量稳定在3551.8公斤，较全国平均水平（3198.8公斤/亩）高11.0%，其中，小型西瓜种植面积占比64.6%。“大兴西瓜”和“昌平草莓”分别于2007年和2010年获国家地理标志农产品的认证和保护，成为首都特色农业名片。北京市还发布并宣贯了《甜瓜设施栽培技术规程》（DB11/T 1570—2018）、《设施西瓜生产技术规程》（DB11/T 132—2019）和《草莓日光温室生产技术规程》（DB11/T 821—2021）等地方标准。地理标志产品的认证与地方标准的发布宣贯进一步提升了北京草莓和西甜瓜产业的影响力，也为北京草莓和西甜瓜产业的发展提出了更高的要求，要不断丰富品种、精进技术创新。在以技术促进产业进步的同时，“北京草莓之星”评选和北京大兴西瓜节等节庆活动的举办，促进了果品的销售，并以种植者效益的增加促进了优良品种和先进技术的推广应用。

（一）特色作物品种选育与引进

北京地区草莓生产的主要品种为日韩系品种，包括“红颜”和“圣诞红”等，种植面积占比97.2%。通过多年的选育和推广，部分国有品种如“白雪公主”“小白草莓”“越心”和“粉玉”，逐渐为种植者所认可。自2011年开始，“红颜”一直是北京市草莓生产的主栽品种，种植面积占全市总面积的80%以上，种植品种相对单一。随着休闲观光产业和电商的发展，单一品种已无法满足市场的需求，同时由于草莓种苗的多年连续使用，出现了品种退化的现象，亟须开展品种更新、补充与复壮工作。

北京地区种植的西瓜品种主要有中大型有籽西瓜、小型有籽西瓜等5种类型；甜瓜品种主要有薄皮甜瓜和少量的网纹厚皮甜瓜。“超越梦想”“京美2K”“L600”和“京彩1号”等小型西瓜品种在北京地区推广面积覆盖率由2016年的78.7%上升到2020年的92.6%，主产区大兴区的覆盖率超过95%。“京嘉”“京美”系列品种成为中型西瓜主导品种，平均含糖量较常规品种提高1.8个百分点；“京欣砧6号”“京欣砧9号”等砧木品种扩大应用，形成了大小果型、红黄果肉、皮色多样搭配的品种生产格局，取得了较好的经济效益。适合北京地区的特色优质精品小型西瓜、耐裂高品质中型西瓜及高品质甜瓜以及适宜电商和品牌化销售的新品种需求日益增长。

（二）特色作物种苗集约化生产

据统计，全国每年草莓生产苗的需求量约200亿株，环渤海湾地区约100亿株，其中，京津冀约20亿株，北京约1亿株，种苗质量对产业发展起到了决定性作用。2016—2021年，北京市草莓育苗面积（市内面积和本市企业在市外面积）为1967亩+2418亩，其中设施避雨育苗逐年发展，占全市总面积从2016年的63.2%发展到2021年的75.1%，增长11.9个百分点。繁育的品种中，日系品种“红颜”占主导地位，近五年占比67.5%～82.5%，其次还有“圣诞红”“隋珠”和“章姬”品种。草莓育苗受气候条件、人工成本、政策影响，本市企业在市外育苗发展迅速，2021年市外育苗面积占总面积的63.2%，生产模式以设施基质育苗为主，2021年占总面积75.1%。2021年繁育种苗8300万株，规模育苗园区种苗产量占总产量的80%以上。种苗的需求和技术的进步促进了草莓种苗集约化发展。

全市西甜瓜集约化育苗量约2500万株，可满足全市55%左右的西瓜种植，农户自己嫁接育苗占40%左右，露地直播占5%左右。近几年，随着集约化育苗技术的发展，西瓜育苗从小规模、分散育苗户向大规模、标准化集中育苗转变。集约化育苗场全部采用轻便、快捷、高效的穴盘育苗，小型西瓜占比和品种增加明显，集约化育苗数量稳步上升。北京西甜瓜种植面积近 4 万亩，以种植密度平均 1000 株/亩计，年商品苗需求量为 4000 万株，2021 年集约化育苗数量为 2500 万株，集约化育苗产业发展空间大。

（三）特色作物节水灌溉与肥料应用

京郊草莓灌溉以滴灌和微喷等高效节水灌溉方式为主，其中滴灌面积占 95%，微喷占 5%，水肥一体化普及率高，基本实现了全覆盖。草莓全生育期灌水 30 ~ 40 次，每次灌水量 5 ~ 10 立方米/亩，总亩用水量为 150 ~ 400 立方米不等，不同种植户之间差异较大。2021 年亩均灌溉量（247 立方米）比 2017 年减少 22.8%，水分生产效率（8.3 公斤/立方米）提高 43.3%。肥料以底肥复合肥和追肥水溶肥为主，2021 年全市平均亩投入化肥总量 170.3 公斤，其中底施 65.7 公斤，追施 104.6 公斤，平均追肥次数为 35 次，化肥施用种类包括复合肥料、磷酸二铵、硫酸钾、大量元素、中量元素、微量元素、含氨基酸和含腐殖酸水溶性肥料等，肥料品种繁多。

西甜瓜节水灌溉技术应用率较低，2021 年示范区微喷和滴灌节水灌溉分别占比 41.0% 和 23.3%，平均用水量 121.5 立方米，比 2020 年低 11.5 立方米，比常规大水漫灌减少 98.5 立方米。西甜瓜 2021 年全市平均每亩化肥用量 115.9 公斤，其中底施化肥平均用量 37.8 公斤，追肥 78.1 公斤，施用种类包括复合肥料、磷酸二铵、硫酸钾、水溶性肥料等。

（四）特色作物病虫害综合防控

在北京，西瓜、甜瓜和草莓的种植主要以日光温室或塑料大棚为主，露地栽培相对较少，由于温室或大棚栽培具有高湿和连作特点，特别有利于病虫害发生。

前期调查结果显示，西瓜、甜瓜上发生的主要病害为枯萎病、叶斑病、立枯病、灰霉病、白粉病、细菌性角斑病、根结线虫病和病毒病；主要虫害有蚜虫和红蜘蛛等。草莓上发生的主要病害为根腐病、白粉病、灰霉病、空心病等；主要虫害有红蜘蛛和蓟马。随着近年来种植结构、栽培条件、生态环境、土壤肥料等多种因素的影响，也会在生产中出现新的病虫害问题。全球气候不稳定，极端天气出现频率增加以及全球气候变暖的大环境，导致病害的发生呈现复杂多变和加重发生的总体态势。通过采取抗病品种、农业栽培管理、生物防治、物理防治和化学防治等多种措施，逐步形成了以重要病虫害为对象的综合防控技术，一定程度地控制了北京市西瓜、甜瓜和草莓的重要病虫害，降低了病虫害发生率，保证了产量，稳住了品质，促进了特色作物产业的良性发展。

（五）特色作物农机设备研发

全国草莓、西甜瓜生产均是以人工作业为主，机械化发展总体处于初级阶段，产业发展用工难、用工贵等现象越发凸显，亟须通过机械化方式，破解“谁来种地”的难题。

在北京市草莓、西甜瓜产业发展中，实现机械化有三大优势，一是地域聚集，二是品种聚集，三是茬口聚集；但也存在生产类型多、生产环节多、单位面积小等不足。

“十三五”期间，对产业发展机械化薄弱环节进行了探索，实现了草莓机械化起垄、西瓜机械化移栽等技术装备从无到有的突破，在保障机械化生产作业效果的基础上，有效提升了劳动效率、降低了劳动强度。在设施宜机化建设、温室草莓东西向种植等方面，加快农机农艺融合，转变农户生产种植习惯，促进机械化技术的推广应用。在设施撒肥机、草莓专用灌溉施肥机、西瓜分选机等方面，积累了一定的经验。与此同时，通过在昌平区、大兴区的适度规模生产区域，发展与本地特色作物栽培农艺相适应的农机社会化服务大户、服务组织，促进了耕整地、田间管理等环节标准化机械化技术的快速推广应用。

（六）特色作物高效栽培模式应用

草莓和西甜瓜作为都市型现代农业中的重要作物，优质高效栽培是主要发展方向。近几年，草莓种苗秋季定植模式、高架基质育苗模式、高架基质栽培模式和草莓套种蔬果等高效栽培模式的应用，提高了草莓种苗和果品的产量与品质，降低了工作强度，提高了工作效率。西甜瓜基质栽培技术的快速发展，中果型西瓜简约化栽培技术的普及，亩用工量减少 6 个以上。随着蜜蜂授粉技术的应用，西瓜授粉期提前了 10 天，每亩可节省成本 375 元。延时采摘栽培技术、廊架栽培技术模式等在优势产业快速发展，西瓜酷跑等三产融合活动开始出现。品牌化向纵深发展，合作社和园区产品通过产后分级、包装、储存以及无损运输等提高了产品标准化和差异化程度，提升了产品附加值。

（七）特色作物品质管控技术研发

随着人们对质量安全和营养健康要求的提升，更安全、更美味、更营养的果品成为人们追求的目标，草莓和西甜瓜产业也将由量的发展转向质的发展，将向更安全、更优质、更营养的方向发展。

现阶段果品存在产品质量参差不齐、缺乏优质产品质量标准、产品质量控制体系不健全等问题。分选分级是提升产品价值的重要手段，但现阶段对采收品质缺少管控，仅以其外观、颜色等判定分级标准，没有对产品营养品质及安全风险进行有效评估。低温是农产品产后保鲜重要措施之一，在商品流通过程中，冷链物流是保障产品新鲜优质的有效方式，包括预冷、贮藏、运输、销售等设备及技术。我国农产品冷链物流尚处于初级阶段，生产者对预冷的重视不足，预冷库及预冷技术的应用基本为零，冷藏运输率也仅有 15%，而发达国家农产品冷链运输率已达 80% 以上。在防腐保鲜方面，除低温保鲜外，绿色安全的物理保鲜及生物保鲜技术也较少应用。

因此，选育适合北京地区都市农业发展的特色作物品种，繁育优质健康种苗，研创“两减一节”关键技术和配套产品，加强农机农艺融合，以健康的土壤、适宜的环境、精良的装备和绿色高效技术的综合集成，保障特色作物品质和效益的进一步提升，是特色作物产业的发展趋势。

六、生态循环低碳产业现状与发展趋势

（一）有机高效投入品和关键技术升级迭代空间大

有机农业（Organic Agriculture）是指遵照一定的有机农业生产标准，遵循自然规律和生态学原理，协调种植业和养殖业的平衡，采用一系列环境友好型农业技术以构筑持续稳定生产体系的一种农业生产方式。有机生产是指“遵照特定的生产原则，在生产中不采用基因工程获得的生物及其产物，不使用化学合成的农药、化肥、生长调节剂、饲料添加剂等物质，遵循自然规律和生态学原理，保持生产体系稳定的一种农业生产方式”。有机农业关注整个农业生产体系的综合效益，提高农产品和食品的安全的同时，有效地保护农田生态系统生物多样性、减轻环境污染和提升产地环境质量。因此，有机农业是包括我国在内的世界各国可持续农业生产的发展趋势，有机农业发展带动了有机生产关键技术的研发，这些关键技术逐渐在绿色农业生态发展中呈现出高需求状态。

“十三五”期间，北京市农业标准化覆盖率提升20余个百分点；截至2020年，全市已有1220家农产品生产基地进行了标准化备案，已有504家备案基地被评定为市“优级”标准化基地，成为北京安全、优质、绿色农产品生产的主力军。此外，在北京市注册的企业经营的有机生产基地面积25961公顷，产量18.88万吨，产值43838万元。北京市现有特色农产品分为粮油、蔬菜、果品、畜禽及其产品、水产、观赏性动植物、其他农副产品七类，有21种蔬菜被列为主导特色农产品，25种被列为名优特色农产品，其中西红柿、四季豆、黄瓜、芥蓝、西兰花、生菜、平菇、西葫芦、巷道蘑菇和杏鲍菇10种农产品已发展成为当地的主导特色，主导特色农产品中的西红柿产品收入最高，达到25003.26万元，同时产量也是蔬菜类中最高的，达到1.58亿公斤。

农作物有机种植技术在为我国农业发展带来动力的同时也带来了挑战。随着有机种植面积的扩大，产品种类更加多样，但相应的有机投入品、有机生产技术更新迭代慢，离实际需求存在较大空间，“从土地到餐桌”的全程有机生产过程中，投入品研发和引进、安全性和有效性评价、关键配套使用技术、有机植保技术和有机水肥的管控技术提升是有机农业生产管理的重中之重，是北京市今后发展有机农业的突破口。

（二）农业农村废弃物循环利用规模增加，精细化处理与利用技术发展潜力大

农业农村废弃物处理和利用是农田生态系统的产后环节，也是实现农田生态系统内部循环的关键产业技术。据统计，北京市农业种植废弃物产生量约146万吨，其中秸秆、尾菜、果树枝条分别为44万吨、79万吨和23万吨；北京市农村生活垃圾产生量达120万吨，60%以上为易腐垃圾。

农业农村废弃物资源化利用是提升耕地质量、改善农业农村生态环境、加快农业绿色低碳发展的重要举措。2022年北京市秸秆综合利用率达到90%以上；但尾菜利用率不足40%，果树枝条利用率约为60%；生活垃圾产生量大、收集处理率低，回收利用率低于

40%。近年来，北京市大力推广秸秆和生活垃圾分类后的资源化利用，在郊区形成了一些较为成熟的处理模式，例如顺义区采取尾菜收集等措施，30%加工成商品有机肥料，70%通过堆积发酵后还田利用，推动了农业废弃物循环利用技术的发展。

秸秆、尾菜及果树剪枝、生活垃圾等农业农村废弃物量大面广、性质复杂，处理利用方式相对单一，腐殖化过程中污染物排放量大，清洁高效处理工艺装备缺乏，处理产物附加值低，还田利用最后一公里受阻，亟须加快技术创新，突破农业农村废弃物精细化处理与高效利用技术，研发低成本的高效处理利用装备，创新高附加值产品，以适应农业生态环境保护和资源高效利用发展的需求。

（三）低碳节能发展效应逐渐显现，成熟的集成技术体系和模式多场景应用需求迫切

低碳节能转化是贯穿农田生态系统循环的链条，北京市非常重视低碳农业的发展，立足于“都市型现代农业”的战略发展定位，积极探索和推进本市农业低碳发展成为北京市“十四五”规划的重要任务。设施农业一直是现代农业中的用能大户，据统计，荷兰温室加温所用天然气占全国总用量的12%，我国连栋玻璃温室北方越冬加温所需天然气约25立方米/平方米，南方夏季降温所需电能约30千瓦时/平方米。近年来，围绕设施农业低碳节能生产已进行了许多技术探索，包括地源热泵开发利用、光伏发电与设施农业的结合、工业多余能量回收和综合利用技术、强化太阳能光热转化系统等，推进“农光互补”和“光伏+设施农业”等低碳农业模式。随着国家“碳达峰与碳中和”战略的提出，北京市积极探索和推进本市农田固碳技术及其模式，集中体现在秸秆综合利用、水肥一体化、增施有机肥等对土壤有机碳固存的措施，并且先后创建了秸秆综合利用“延庆模式”等典范。但不同农业生产模式下的低碳节能技术仍有待研发，包括绿肥轮作技术、果园生草种植技术、可再生能源利用等，为实现“力争2030年前实现碳达峰，努力争取2060年前实现碳中和”目标提供技术支撑和亮点模式示范。

七、家禽产业现状与发展趋势

（一）北京家禽产业现状

受北京城市定位、非首都功能疏解和环保政策等因素的综合影响，北京家禽产业的规模近年来受到了严重的影响，家禽存栏急剧缩减，蛋鸡、白羽肉鸡、蛋鸭和肉鸭备案养殖场区和实际存栏量分别由2015年的444个、382个、5个、61个和3663.6万羽，锐减至2020年的83个、19个、3个、5个和804.5万羽。不过，家禽养殖数量虽然减少很多，但家禽产业产值占畜牧业产值的比重仍然较高。2020年北京市家禽产业产值占畜牧业总产值的比重高达43.86%，在首都畜牧业中仍占绝对优势。

北京市现饲养的家禽品种主要为蛋鸡、白羽肉鸡、北京鸭、北京油鸡和肉鸽，其中蛋鸡饲养规模最大。2022年一季度末，北京市家禽存栏量为882.26万只，其中蛋鸡存栏量850.65万只、肉鸡24.72万只、肉鸭6.89万只。2021年，北京市禽肉产量11289.91吨，禽蛋产量 93500.99 吨，其中鸡蛋产量 92385.42 吨，鸭蛋产量 1036.81 吨。

北京市的家禽养殖业以科技含量高、附加值高的种业为主。除商品蛋鸡和北京油鸡尚存一定规模的商品养殖以外，商品肉鸡养殖已完全退出北京市场，商品肉鸭养殖所剩不多。

北京市的家禽种业在全国享有很高的声誉。北京鸭、北京油鸡是驰名海内外的我国著名地方品种，经多年选育改良，品种质量有较大提高，产业发展逐年壮大。以北京鸭为素材培育出了“Z 型北京鸭配套系”“南口 1 号北京鸭配套系”、草原鸭等配套系。经选育改良的经典型北京油鸡外观独特、肉质优良，也推广到了全国大部分省市，形成北京油鸡特色养殖产业。

北京市培育的“京系列”“农大系列”国产蛋鸡品种在全国占有 50% 以上的蛋鸡市场。在肉鸡领域，新培育出了我国首个小型白羽肉鸡品种“WOD168”和白羽肉鸡品种“WOD188”，虽然市场占有率还不高，但打破了国外市场对白羽肉鸡的垄断。

在肉鸽育种方面，北京市成功培育了第一个肉鸽配套系“天翔 1 号”，极大地促进了北京鸽业的发展。

（二）北京家禽产业发展趋势

1. 家禽产业将以种业发展为主

受制于政策、土地、水资源等生产要素限制，北京市家禽产业的发展空间也受到限制，产业总体规模近年来严重萎缩，但家禽种业得到了飞跃式的发展，培育了多个创新型品种，特别是国产蛋鸡品种的全国市场份额占到 50% 以上。中央和北京市政府都制订出台了《种业振兴行动方案》，市政府提出要将北京打造成“种业之都”。

2. 家禽产业跨入高质量发展阶段

北京家禽产业生产经营模式已逐步实现了由粗放经营向集约经营的转变，在要素投入上也实现了由劳动密集型向资本和技术密集型转变，家禽养殖环节将逐步实现自动喂料、自动饮水、自动控制温湿度、自动调节风速光照、自动清粪等。在家禽产品方面，将会朝着提高食用安全和营养品质等高质量方向发展。家禽产业步入高质量发展阶段将成为必然趋势。

3. 家禽产业的产业链将会逐步延长

伴随着家禽产业组织化程度的逐步提高，率先延长产业链的企业会在竞争中体现出越来越大的优势，如涵盖全产业链的家禽企业在未来的经营中会体现出日渐增强的经营稳定性、获利稳定性和持续发展能力。家禽产业的组织化程度将会越来越高，产业链也会逐步延长。

4. 家禽产品将呈现出多样化发展

随着人们消费多样化的发展，家禽品种和家禽产品的多样化也将成为必然的发展趋势。在大众消费基础之上，会逐渐形成多个方向（营养保健类、口味独特类等）、多个消费层次、多种消费类型的高质量产品市场。同时，伴随着家禽产品的多样化和市场细分化，家禽产品的加工程度和加工方式也会呈现出多样化趋势。

5. 家禽产业会融合更多领域的科技成果

在家禽养殖过程和产品加工等各个环节，将会融合更多领域的科技成果，如家禽体温、行为自动监测技术，生物工程，人工智能技术，电子标识技术，信息全程追溯技术等。

八、家畜产业现状与发展趋势

（一）产业素质进一步提升

1. 家畜养殖规模缩小，但产业集聚度提升

“十三五”期间贯彻落实“调转节”，在资源与环境的双重约束下，北京市家畜产业规模波动较大，生猪、奶牛存栏规模大幅下降。随着养殖标准化不断推进，区域化生产布局已逐步形成，产业化趋势明显。正在逐步实现从数量向质量，从传统向规模化、集约化、标准化、生态化的转型升级。

生猪产业方面，受北京市畜禽养殖政策与非洲猪瘟的双重影响，北京市 2017—2021 年生猪出栏数急剧下降，2021 年较 2017 年同比下降 87.2%（见图 6-1）。尽管出栏量不断减少，但生猪标准化生产和规模化养殖快速推进，养殖规模在 1000 头以上的养殖场占比 84.8%，比 2018 年的 58.4% 提高了 26.4 个百分点，大型规模场比例明显提高，已从传统分散型逐步向技术集约型、生态环保型加速转变。

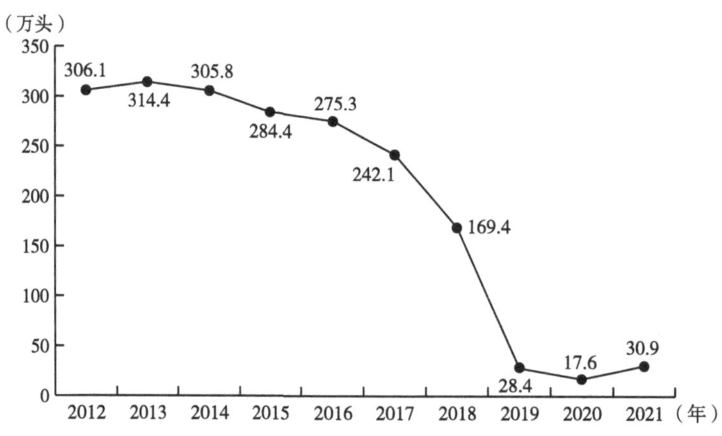

图 6-1 北京市生猪出栏总量

奶牛产业方面，大力推动奶牛标准化规模养殖，实施规模化牛场分类指导计划，深入推行奶牛遗传改良计划，奶牛养殖规模化、标准化、机械化、组织化水平显著提高。通过牧场产业发展监测情况分析，近年来北京奶牛存栏量和成乳牛数量呈双线下降趋势，产业结构调整步伐加快，2021 年北京市奶牛存栏量为 5.8 万头，较 2012 年减少 9.3 万头，减

幅 61.5%，2020—2021 年北京市奶牛存栏规模稳定在 5.8 万头左右（见图 6－2）。2021 年，北京市现存奶牛规模养殖场 45 家，较 2012 年减少 216 家，其中 1000 头以上规模养殖场 25 家，占比 55.6%。

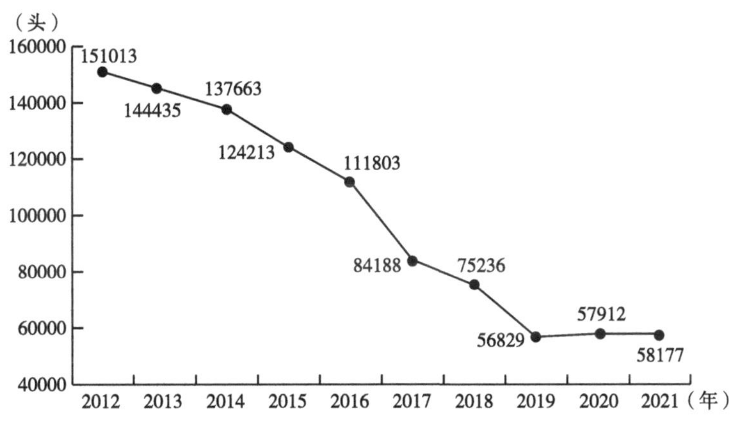

图 6－2　北京市奶牛存栏总量

2. 产业自给率不足，但发展质量稳步提升

生猪产业虽然受到非洲猪瘟和环境政策影响导致出栏数下降，但母猪繁殖性能逐渐提高，示范猪场母猪年提供断奶仔猪数呈上升趋势，2021 年达到了 23 头，与 2017 年相比，提高了 6.3%（见图 6－3）。

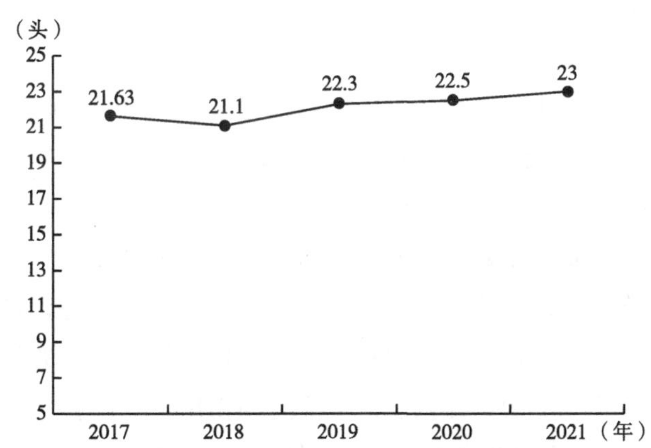

图 6－3　北京市示范猪场母猪年提供断奶仔猪数

奶牛存栏量虽然下降，但成乳牛单产水平、机械化挤奶水平稳步提升。2021 年北京市示范场成乳牛单产达到 10.6 吨，较 2012 年提高了 59%；机械化挤奶率达到 100%，提高 15 个百分点，规模牧场全混合日粮（TMR）普及率达到 98%，提高 25 个百分点（见图 6－4）。

（二）质量安全水平进一步保障

生猪产业方面，持续开展农产品质量安全专项整治，未发生重大农产品质量安全事

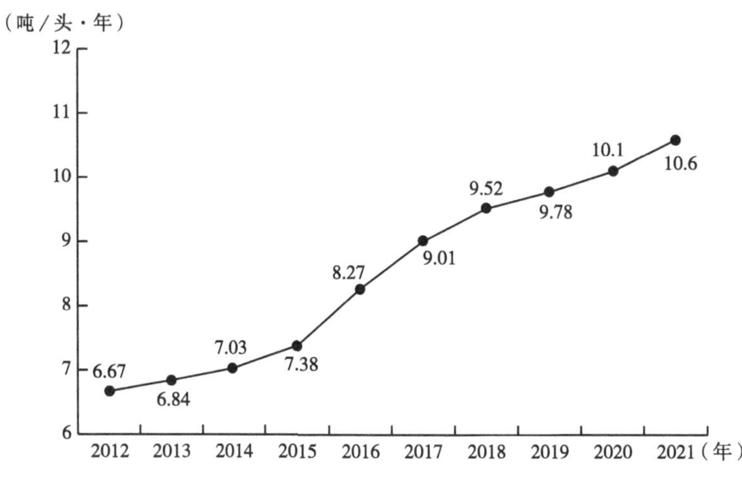

图 6－4 北京市示范牛奶成乳牛单产

件，畜禽产品质量安全监督抽查合格率为 99.8%；严把关键环节，做好重大活动保障工作，按照“四个最严”的标准，督导猪肉货源供应，做好供应单位质量安全控制和抽样检测工作，圆满完成首都重大活动的畜禽产品保障供应工作；持续开展畜禽养殖场饲料营养与卫生指标检测（公益类）工作，保障生猪生产的环境安全与产品的质量安全。

奶牛产业方面，奶业全产业链质量安全监管和可追溯体系日趋完善，监管力度不断加大。生鲜乳抽检覆盖所有奶站和运输车，乳制品实行出厂批批检验制度。近年来，北京生鲜乳监测合格率均达到 100%。全市参测牛场 DHI（奶牛生产性能测定）结果显示，乳蛋白率、乳脂率、乳糖率均维持在较高的水平，细菌总数、体细胞数逐年下降，北京示范牛场生鲜乳乳蛋白率平均为 3.4%，乳脂率 4.1%，细菌数 9.1 万个/毫升，体细胞数 19.6 万个/毫升，北京市生鲜乳质量水平处于历史的最高水平。

（三）畜牧种业优势地位进一步凸显

在生猪产业方面，良繁体系建设不断完善与优化，特别是在非洲猪瘟暴发后，通过应用轮回杂交模式或者终端轮回模式生产，避免后备母猪的持续引进，降低疫病风险，每个世代引入最优秀的公猪精液，使遗传潜力稳步发挥，保障促进猪群的健康并实现持续的改良，为北京市生猪恢复生产、稳产保供发挥了应有的作用。目前，北京市拥有国家级核心育种场 3 家，分场 27 家，基础母猪 3 万头，年供种能力 20 万头，种猪销售辐射全国。在奶牛产业方面，北京市进一步巩固了全国最大、遗传水平最高的奶牛良种繁育体系及供种基地，年改良奶牛 200 万头，建立了全国规模最大的荷斯坦牛联盟育种群体，初步建成覆盖北京、河北、河南等地的奶牛育种数据体系，覆盖核心育种群体规模达 8 万头（其中成母牛 4.3 万头），辐射其他省份群体 3 万头（其中成母牛 1.6 万头），形成了总规模达 11 万头的奶牛良种繁育体系，并具备了优秀荷斯坦种公牛自主培育能力，年培育种公牛 60 头。

（四）粪污治理配套设施不断完善

在生猪产业方面，“十三五”期间在政府的大力支持与推动下，在团队前期技术研发与推广的支撑下，北京市生猪养殖粪污治理水平不断提高。2020 年，全市 45 家登记备案的规模养殖场（存栏 500 头以上）中，配备雨污分流、干湿分离设施的有 41 家（占 91%）资源化利用的有 45 家（100%），参与政府和自筹建设项目的有 38 家。生猪养殖在舍内环境调控、粪污处理、废气治理等技术装备、新技术应用上有了大幅提升，为北京市生猪稳产保供作出了积极贡献。

在奶牛产业方面，北京市奶牛场 90% 以上采用干清粪方式，对污水源头减排贡献突出，通过养殖场节水培训进一步增强了节水意识，奶牛养殖业逐步向“节水高效”转变。新型高效沼气发酵工艺对奶牛场粪污处理与利用等技术的应用，累计减排化学需氧量（COD）140 余万吨，氨氮 7 万余吨，有效改善了牛场周边的生态环境。

九、设施蔬菜产业现状与发展趋势

（一）面积与总产量实现“双增”

近两年来，通过北京市政府压实“菜篮子”区长负责制、出台相关扶持政策和及时到位的技术推广服务，蔬菜生产已表现出向好的发展趋势，“十三五”时期末，播种面积和产能结束了自 2003 年以来持续下跌态势，出现了恢复性增长，播种面积和产量均有 5.6% 的增长。2021 年蔬菜生产进一步稳步回升，完成播种面积 69.68 万亩，总产量 165.6 万吨，分别较 2020 年提高了 22.2% 和 20.1%，超额完成“十四五”开局任务。

（二）品种结构进一步优化

对消费者蔬菜消费行为特征的调研结果显示，叶菜、果菜和根茎类蔬菜是购买最频繁的三大类蔬菜，消费占比达到 92.5%；在购买频次方面，59.1% 的调研样本每周购买 3 次以上，说明叶菜、果菜和根茎类蔬菜在居民膳食结构中占据重要地位，并且随着人们生活水平的提高，消费者对蔬菜产品的新鲜度越来越关注。

在生产层面，上述三大类蔬菜播种面积占比常年稳定在 80% 以上，种植结构进一步优化，不耐贮运的叶菜类蔬菜播种面积逐步提高，而耐贮运的果菜类、根茎类蔬菜作物播种面积有所下降，“十三五”时期末，叶菜类蔬菜播种面积占比达到了 61.78%，较“十二五”时期末提高了 11.11 个百分点，而果菜类、根茎类蔬菜作物播种面积占比下降了 9.7 个百分点。疫情期间，为了保障市场供应，叶菜类蔬菜生产规模进一步加大，2021 年上半年，叶菜类蔬菜播种面积占比达到 49.9%，较去年同期提高了 5.6 个百分点，增加 4.28 万亩。

（三）生产方式进一步优化

设施农业作为都市型农业的典型特征，目前已成为农业生产的主要形式。“十三五”时期末，京郊设施农业生产面积在蔬菜生产中占比达 64.52%，分别较“十二五”时期末和“十一五”时期末提高了1.66个百分点和21.67个百分点，其中小拱棚低端设施占比下降到了3.4%；同时，生产经营向规模化、专业化集中，新型经营主体正在介入蔬菜生产，一些区的蔬菜专业村、镇稳步发展；蔬菜产业的主要机械，如种子处理、育苗机械、节水灌溉、植保、卷帘、收获、加工、冷藏保鲜运输等设备设施加快应用，农机农艺进一步融合。

（四）供给结构进一步优化

深化“国家农产品质量安全市”创建，130个农业品牌收入2021年北京优农品牌目录，试行食用农产品合格证制度，全市1623家主体开具合格证717万张，有机产品总量达到27.7万吨，高品质农产品推广工作取得新进展，2021年口感型蔬菜（番茄、黄瓜）和京味蔬菜（核桃纹白菜、心里美萝卜等）生产面积达4500余亩，口感番茄平均售价20元/千克、老口味蔬菜平均10元/千克，实现了“优质优价”，促进了供给结构的优化。另外，净菜、鲜切菜、预制菜等方便菜肴产品，不断为市场所接受，推动了蔬菜采后加工产业的快速增长，产业规模以每年20%以上的速度递增，达到千亿级别。

（五）设施农业趋于高效化

为实现北京现代化农业的快速发展，北京市于2021年启动了高效设施农业试点工作，前8个月，以日光温室和连栋智能温室为代表的高效设施生产发展迅速，完成播种面积14.96万亩，占蔬菜播种面积的27.64%，其中连栋智能温室播种面积1.61万亩，是2020年全年播种面积的102.6%，并初步形成了四种高效模式，即“连栋智能温室高效模式”“高端蔬菜设施高效生产模式”“综合性园区设施高效生产模式”和“优质单品规模化设施高效生产模式”。

十、渔业产业现状与发展趋势

中国是水产养殖大国，根据《中国渔业统计年鉴2021》的数据，2020年全国水产品总产量6549万吨，其中养殖产量5224万吨，占比达到79.8%，中国养殖水产品占世界水产品养殖总产量的60%以上，全国水产品人均占有量为46.39千克。淡水养殖水产品产量3088万吨，其中青、草、鲢、鳙、鲤、鲫和鲂鱼等大宗淡水鱼类产量约为1961万吨，约占养殖总产量的63.5%；鳟鱼3.7万吨，鲑鱼0.16万吨；鲟鱼养殖产量10.4万吨，占世界养殖产量的80%以上。

根据北京市水产技术推广站提供的数据，2021年北京市淡水养殖产量1.17万吨，捕捞1.01万吨（淡水0.265万吨，远洋0.747万吨），其中青、草、鲢、鳙、鲤、鲫和鲂鱼等大宗淡水鱼类产量约为1.06万吨，约占养殖总产量的91%；鮰鱼、鲈鱼、黄颡鱼、泥鳅、鲶鱼、罗非鱼和鳖的产量约为550吨，约占养殖总产量的4.7%；虹鳟约为127吨，鲟鱼约为376吨，约占养殖总产量的4.3%；观赏鱼约2亿尾。养殖方式为池塘养殖28065亩，流水等其他养殖255亩，工厂化养殖10.3万平方米。渔业企业（户）1682户，渔业从业人员4713人。

北京市观赏鱼（金鱼、锦鲤）养殖面积约为5800亩，全市产量约为2亿尾，养殖企业（户）约227个，主要分布在通州、平谷、顺义、大兴、房山、朝阳和昌平等区，目前，北京市观赏鱼养殖品种中金鱼占40%左右，主要品种为草金鱼、龙睛、蝶尾、狮头、鎏金、兰寿等。锦鲤养殖品种为红白、白底三色、墨底三色、黄金、菊水、火鲤等。

北京市鲟鱼苗种产量占全国的70%以上，鲑鳟鱼二倍体苗种占全国40%左右，鲟鱼和鲑鳟鱼商品鱼合计产量约为500吨/年。从业企业（户）18个，主要分布在怀柔、房山、密云和延庆等区域。

“十三五”期间，北京市鲟鱼、鲑鳟鱼和观赏鱼产业发生了较大的变化，呈现不同的发展趋势。随着作为北京市主要鲟鱼鲑鳟鱼养殖区的怀柔区环保督察整改，全力腾退规模化养殖，鲟鱼和鲑鳟鱼商品鱼产量急剧下降，鲟鱼苗种生产已完成向优势单位集中，主要有6个繁育企业，他们培育有大量的亲鱼和后备亲鱼，具有多年的繁育经验和较好的设施条件，苗种销往全国各地，其中河北地区养殖鲟鱼所需苗种的80%来自北京。一些北京企业在外埠建立了基地，从事商品鱼养殖、亲鱼和后备亲鱼培育、鱼子酱加工等工作，但人工繁殖均主要在北京地区进行；鲑鳟鱼养殖产量也急剧下降，目前主要有2家企业从事苗种繁育工作，也有企业在河北建立了商品鱼养殖基地。北京市大多数的观赏鱼养殖户和主要的养殖面积依然分布在通州区，但近年来养殖面积缩减严重，部分养殖户向平谷区转移。锦鲤繁育主要集中在3个企业，苗种主要销往河北天津等北方地区，养殖锦鲤的品质不断提升，近年来，北京产的锦鲤屡次在全国性锦鲤大赛中获奖。繁育企业与周边省市农户探索了一种合作模式，由繁育企业免费提供仔鱼给农户饲养，养殖一定时间后，繁育企业挑回一定数量的品质较好的鱼种，其余的留给农户，通过这种互利共赢的模式带动了周边农户的养殖。北京市建立了6个宫廷金鱼保种场，宫廷金鱼的繁育和养殖水平较高，选送的鱼也屡次在全国性大赛中获奖。金鱼的养殖大多数仍为池塘养殖，少数养殖户转为小型水泥池精养模式。

第二节　产业发展定位与面临的问题

一、数字农业产业发展定位与面临的问题

从国际上来看，全球新一轮科技革命、产业变革方兴未艾，新一代信息技术加快应用，深刻改变了生产生活方式，引发经济格局和产业形态深度变革，形成发展数字经济的普遍共识。大数据成为基础性战略资源，新一代人工智能成为创新引擎。世界主要发达国

家都将数字农业作为战略重点和优先发展方向，相继出台了“大数据研究和发展计划”“农业技术战略”和“农业发展4.0框架”等战略，构筑新一轮产业革命新优势。从国内来看，党中央、国务院高度重视网络安全和信息化工作，大力推进数字中国建设，实施数字乡村战略，加快5G网络建设进程，为发展数字农业提供了有力的政策保障；信息化与新型工业化、城镇化和农业农村现代化同步发展，城乡数字鸿沟加快弥合，数字技术的普惠效应有效释放，为数字农业发展提供了强大动力；我国进入全面推进乡村振兴、加快农业农村现代化的新阶段，农业加快转变发展方式、优化发展结构、转换增长动力，为农业农村生产经营、管理服务数字化提供了广阔的空间。

数字农业政策支持力度不断加大，国务院《促进大数据发展行动纲要》、中央网信办《数字乡村发展战略纲要》、农业农村部《数字农业农村发展规划（2019—2025年）》等接连出台。2022年初，中央网信办、农业农村部等十部门印发《数字乡村发展行动计划（2022—2025年）》，从8方面部署26项重点任务，2022年3月，农业农村部印发《“十四五”全国农业农村信息化发展规划》，明确了“十四五”时期农业农村信息化的重点任务和保障措施，擘画了数字农业农村发展新蓝图，推动了数字农业发展落地见效。大力发展数字农业，已经成为我国推动乡村振兴、建设数字中国的重要组成部分。同时，北京、浙江、河北、江苏、山东、湖南、广东等20多个省份相继出台数字农业农村发展政策文件，政策体系更加完善，统筹协调、整体推进的工作格局初步形成。

北京市加快发展数字经济，以数字驱动为核心战略，推动数字经济和实体经济深度融合，加强数字北京、数字社会、数字政府建设，为北京市数字农业发展带来了新机遇；优先发展农业农村，全面推进乡村振兴，提高农业质量效益和竞争力，实施乡村建设行动，深化农村改革对数字农业农村发展提出了新要求。率先基本实现农业农村现代化是北京市“三农”工作的新目标，数字化发展是实现农业农村现代化的基础和主要驱动力，是改变传统农业生产方式、经营方式、组织方式，优化升级产业链、供应链，破解北京市农业生产规模小、经营分散、产业发展混乱等短板弱项，实现重要农产品稳产保供和建设“种业之都”的必然选择，是缩小城乡“数字鸿沟”，提升城乡公共服务均等化、便捷化水平，适应村庄空心化和人口老龄化的农村发展现状，不断满足人民日益增长的美好生活需要的重要途径。

综合研判，“十四五”时期是发展数字农业的重要机遇期，必须主动顺应高质量发展的要求，紧密围绕建设全球数字经济标杆城市要求和《北京市“十四五”时期乡村振兴战略实施规划》的目标，牢牢把握发展机遇，推进数字化与农业农村各领域深度融合发展，引领驱动北京市乡村全面振兴。

二、景观休闲农业产业发展定位与面临的问题

（一）产业发展定位

北京休闲农业以山水林田湖草资源为依托，以京郊特色农业产业为基础，以融合发展

为路径，以规范制订、产品开发、场景打造、模式集成为核心，聚焦农村生产景观、农家生活景观、乡村生态景观，建立“京华乡韵”休闲农业品牌体系，基本形成“北京文化为魂、京郊美景为韵、农业生态为基”的休闲农业 4.0 版，助力休闲农业成为京郊乡村振兴的支柱产业，传承中华文化的国际品牌，增进首都居民福祉的城市名片。

（二）面临的问题

1. 产品创新供给不足

随着消费结构持续升级、消费者文化素质和富裕程度提高，市场对休闲农业产品提出了更高、更多元化的需求。但目前北京休闲农业产品结构同质，农耕文化、乡村文化与风情民俗挖掘不够，新业态供给不足，多为采摘、观光、赏景，游客驻足停留时间短，人均消费提升空间巨大。

2. 品牌建设力度不够

近几年，各级相关部门虽然加强了休闲农业宣传推荐，但大众对北京休闲农业的认知度依然较低，尚未构建与信息化时代相适应的智慧宣传平台，尚未形成完善的品牌推荐体系，直接制约了休闲农业消费氛围的打造与影响力的扩大。

3. 联农带农有待深化

休闲农业是带动农民就业增收、促进农民全面发展的重要产业，但目前休闲农业带动农民增收的效果亟待深化，以延庆区四季花海为例，有景观但产品少，有“人气”无“财气”，优越的资源没有转化为经济优势，亟须创新产品、创新模式。

三、食用菌产业发展定位与面临的问题

（一）产业发展定位

立足北京都市现代农业定位，充分发挥科技、人才优势，从食用菌育种、生产、质量安全等各环节入手，重点开展种业创新、提质增效、绿色循环、融合发展、稳产保供及人才培养工程，加强科技创新与成果转化，进一步延伸产业链条、加快产业融合，促进食用菌产业向着科技化、绿色化、特色化、规模化方向发展，最终形成“以基地为依托，以科技为支撑，以标准为保障，以融合为目标”的发展新格局，辐射带动京津冀食用菌产业发展。

（二）产业发展面临的问题

1. 缺乏可行的发展规划

食用菌产业发展缺乏切实可行的发展规划，各区之间未能建成有效的生产、市场等信息交流机制，产量忽高忽低损害菇农利益的现象时有发生，难以为决策机构、科研单位和生产经营者提供有效帮助。

2. 菌种问题长期制约产业发展

菌种是食用菌产业发展的“芯片”和“源头”，我国食用菌菌种产业还面临一些制约

因素，现有主栽食用菌栽培品种基本源自国外，自主品种研发能力较弱，缺乏目的性状的特异性筛选标记，育种工作极其迟缓，产业内缺乏拥有自主知识产权的新种和良种。食用菌小规模菌种生产仍然是各产区主要的菌种供给方式，在缺乏质量保障和监管的情况下，菌种安全性难以得到有效保障；在菌种市场上，侵权情况非常严重，随意扩繁随意命名情况屡见不鲜，“同种不同名”“同名不同种”的问题时有发生。《植物新品种保护条例》修订工作仍然未能取得突破性进展，维权成本高与惩戒力度低的矛盾长期得不到解决，客观上削弱育种人的创新意愿，制约了新菇种和新品种选育力度，难以为产业发展提供良种保障。

3. 生产技术水平较低

全市食用菌生产主体80%来自外省，小规模农户中外地人员占比更高。外来主体享受不到本市相关政策支持，难以进行有效监管和引导，不利于实现生产环节的专业化和现代化，产品质量安全存在隐患。此外，食用菌生产主体仍以小规模家庭生产经营为主，各主体之间的联合性较弱，普遍存在“小而散”“小而全”的问题，4 亩以上生产规模的利润率是 4 亩以下的 1.54 倍。生产经营者生产随意性较大，缺乏轻简化、标准化的生产技术指导及宣传，导致生产水平较低，综合生产能力也有待提高。

4. 产业融合发展进程缓慢

食用菌产业与休闲观光、科普教育、园艺康养、网络电商等产业的融合度有待提高，形成新产业新业态的案例较少，难以产生较高效益。以食用菌为重要元素的现代农业产业园区建设不足，基于食用菌的产业融合缺少有效载体和相关人才。

5. 生产效益有所降低

随着农业用地、生态环保等政策的出台，食用菌生产相关的设施材料、生产用工、水电能源等成本不断增加。其中，燃料能源费用提升较快，平均每个菇棚高温灭菌成本由原来采用燃煤时的1000 元，上升到燃气或用电后的3000 元。随着食用菌从业人口老龄化的深化，导致生产用工费用也呈逐年上升之势，由原来的不足 100 元/日上升到 150～200 元/日。原料投入成本也在升高，食用菌原材料的价格已从 1400 元/吨上涨至 1800 元/吨，再加上运输费用的上涨，使原料成本增加 30% 以上。与此同时，食用菌售价未发生明显变化，导致整体生产效益有所降低。

四、粮食作物产业发展定位与面临的问题

（一）产业发展定位

作为拥有近 2300 万常住人口的超大城市，北京严守农业的“菜篮子”“米袋子”产品供给保障功能，不仅是落实国家任务要求的需要，更是保障地区长期稳定发展的内生需要。粮食作物的食品生产功能，是北京都市型现代农业要长期坚持的核心功能，增强地产农产品对市民粮食需求数量、质量、价格等方面保障和调解功能，为北京超大城市实现高质量发展和高品质生活奠定基础。

（二）产业发展面临的问题

1. 粮食生产力需要提高

“十三五”期间，北京市粮食单产总体处于稳步提高状态，从2015年的401公斤/亩提高到2020年的416公斤/亩，提高了3.7%；2020年全市粮食单产较全国平均单产（382公斤/亩）高9%。但当前北京市粮食生产还存在着先进技术应用率低、生产要素利用效率低、生产经营方式粗放、管理水平不高、单产和效益低等问题，对照首都“四个中心”功能定位和高质量发展要求，全市粮食生产水平总体还有待进一步提高，需要在“十四五”期间继续开展攻关工作。

2. 劳动生产率需要提升

目前，北京粮食生产以小农户分散生产经营为主。据调研，从事一产经营的农户，经营耕地10亩以下的共129.7万户，占97.07%。北京农村地区老龄化严重，栽培技术较为传统，加之地租、农资、人工等种植成本不断增加，传统粮食作物的收益不断减少，导致北京地区农民种植积极性不断降低。甘薯和鲜食玉米收获还主要靠人工，且小麦、玉米等作物部分环节的作业机具性能较低、适应性较差，亟须选育、引进和筛选适宜机械化、轻简化、规模化种植的玉米、小麦、甘薯、谷子等农作物新品种，引进、筛选、改进和研发农作物播种、植保、收获等关键环节的高性能配套农机具，并集成和推广应用适宜不同农作物的农机农艺融合生产技术模式。

3. 资源利用率需要提升

农业生产结构不断调整，生产空间布局不断优化，但北京“大城市、小农村”的城乡格局依然存在，农业规模小、资源压力大等问题依然突出。长期重用轻养的掠夺性生产方式和持续小型农机动力浅耕作业，导致耕层变浅、结构恶化等问题，已成为制约作物高产、稳产与资源高效利用的关键瓶颈。北京地区粮食作物种植过程中，农用化学品投入量仍然较大，针对病虫草等有害生物危害的绿色高效农药剂型欠缺，并且随着全球气候变化，尤其是温度的上升，病虫草害的危害种群和规律发生转变，呈现加大严重趋势。同时，以鲜食玉米、鲜食大豆等为主的特色作物种植面积正在逐步增加，病虫草害防控难度也进一步加大，复杂性更高，传统常规的施药方案亟须迭代更新，需要开展化学投入品新技术设计和替代产品研发，才能实现粮食作物产品绿色生产，满足消费者对农产品的高品质要求。

4. 产后贮藏保鲜技术需要提升

北京地区在鲜食玉米产业冷链物流方面的研究与投入水平较低，大部分优质鲜食玉米没有通过冷链方式配送运输，直接影响口感，无法体现品质优势。甘薯产后贮藏方面，因自身水分较高，贮藏生理反应较活跃，不同品种间的含水量差别也存在较大差异，储藏质量受温湿度、外界环境和人为管理等多方面因素影响，导致北京地区甘薯在贮藏期间损耗大，商业化、规模化、安全化贮藏甘薯技术有待研究和提升。受加工企业限制和都市市民消费喜好的影响，北京市未来鲜食玉米市场将以鲜果穗为主，但鲜食玉米鲜果穗保质货架期短，采收期仅3～5天，常温贮存变质极快，为保证产品的品质和质量，需要配备相应的采后预冷设备和冷链运输能力，并配有对应的采后保鲜技术，延长产品货架期，以应对未来产能提高后的产品短时积压问题，为产品销售争取更长的缓冲期。

五、特色作物产业发展定位与面临的问题

（一）产业发展定位

草莓和西甜瓜产业作为北京特色农业的重要组成部分之一，年产草莓1.95万吨、西甜瓜12.7万吨，不但为市场提供了鲜美的果品，同时三产融合，在元旦、春节、“三八”“五一”等节日，为市民提供了休闲娱乐和农事体验的场所。虽然受疫情影响，但是采摘和社区团购依然是草莓和西甜瓜销售的重要模式，可以为种植者带去可观的经济收入，充分发挥了特色作物的生产、生活和生态等多种功能。“昌平草莓”和“大兴西瓜”地标产品的知名度与影响力引领着北京市草莓和西甜瓜产业的发展，标志着北京市草莓和西甜瓜的产业定位——特色富民产业的形成。一方面是富裕种植者、增加农民收入的富农产业，另一方面是丰富消费者物质（果品）和精神（农事体验和休闲观光）生活的富民产业，要求草莓和西甜瓜产业围绕“优质、绿色、高效”总基调，走精品化、特色化的发展道路，实现品种多元化、种苗集约化、生产标准化、园区特色化和营销品牌化，使草莓和西甜瓜产业真正成为具有“北京特色”的“甜蜜产业”。

围绕精品化，制订品质指标体系，选育高品质、多功能性品种，培育健康种苗，打造优良环境（适宜的温度、湿度、光照、土壤），优化水肥策略，应用病虫害全程综合立体防控技术。以品种种苗为基础、先进技术为保障、品质指标为评判标准，生产精品草莓和西甜瓜。

围绕特色化，选育适合观光采摘的特色品种（独特的颜色、外形、口感），打造各具特色的采摘园（模式、茬口），扶持特征明显的优势品牌。以品种、模式和品牌内涵的特色化，吸引消费者，加强消费者的体验感，增加草莓和西甜瓜的附加值，提高种植者收入。

（二）产业发展面临的问题

1. 草莓

（1）单一品种占绝对优势：自2011年开始，“红颜”一直是北京市草莓生产的主栽品种，种植面积占全市草莓种植总面积的80%以上，种植品种相对单一。随着休闲观光产业和电商的发展，单一品种已无法满足市场的需求。同时由于草莓种苗的多年连续使用，出现了品种退化的现象，亟须开展品种更新、补充与复壮工作。

（2）种苗质量不稳定：随着生产者对种苗质量的重视和多种种苗繁育技术的开发利用，草莓种苗产业迅速发展，种苗质量有了很大提升；但是草莓种苗生产仍在很大程度上受外界环境的影响，年度间在种苗数量和质量上易出现大幅的波动，影响草莓生产。外地

进京种苗缺少监管，种苗病虫携带是一个潜在的问题。同时，种苗市场上种苗质量的参差不齐也是一个突出问题。

（3）产品分级加工少：北京市草莓产品多为草莓鲜果，销售中对果品只进行简单分级或不分级，缺少明确的分级标准和分级销售意识，而草莓餐饮、草莓故事和草莓农事体验也需要进行开发。

（4）品牌运营能力弱：生产者对自主品牌的运营和维护，部分还只是停留在简单设计和使用上，缺少整体包装和品牌宣传，生产者的品牌意识和运营能力都有待增强，同时需要追溯体系的监管和保护，保障安全生产，保护和提升品牌利益。

（5）外地来京种植者增多：对外地来京种植者的管理包括培训和监测需要进一步加强，尤其需要对农用投入品（农药和肥料）加强监管，杜绝安全隐患。

2. 西甜瓜

（1）中果型西瓜品种结构调整有待突破：虽然不断有新品种出现，但新品种推广上力度不大，品种更新速度较慢，与河北等周边地区品种雷同，产品缺乏差异性和竞争力。

（2）集约化育苗质量有待进一步提高：北京西甜瓜传统为一家一户的散户育苗，近几年集约化育苗大户增加，育苗数量占到50%以上，但育苗质量不稳定，苗场管理缺乏规范标准的制度和体系。

（3）节水灌溉技术推行难：由于一家一户生产规模小影响灌溉效率、灌溉设备不适应倒茬、设备不完善等多重原因，使节水灌溉技术在部分地区仍难以推广。

（4）机械化生产水平较低：受目前技术瓶颈限制，嫁接、定植、整枝打叉等高强度、重复性工作难以实现机械化，亟须高效、实用和小型化的专业农机具。

（5）西甜瓜生产中病虫危害发生有加重趋势：主产区棚室复种指数高，枯萎病、菌核病和根腐病及根结线虫等土传病害发病较重；瓜类白粉病、蚜虫危害进入5月下旬后危害有加重趋势，蓟马和蚜虫已经产生抗药性。

（6）散户商品化程度低：零散的小型生产很难对先进的生产技术进行普及，特别是水肥一体化、病虫害绿色防控、产后分级等环节技术水平差异较大，导致西甜瓜质量和商品性不稳定，不能满足消费升级的需求，很难与销售端建立稳定的供销关系。

（7）销售市场问题：现阶段西甜瓜销售仍然以地头销售为主，生产者缺乏议价权；周边省份农业结构调整及大市场发展带来一定的销售压力。

（8）观光采摘发展力度降低：西甜瓜采摘产品活动过于单一、持续时间较短，吸引消费者的持久力不足；相关采摘观光园区计划开发餐饮住宿业务等受政策限制无法得以有效发展，庞安路等主产区采摘销售比例由30.0%下降到13.2%。

六、生态循环低碳产业发展定位与面临的问题

（一）产业发展定位

生态循环低碳发展产业是北京市率先实现农业农村现代化、全面推进乡村振兴战略的

重要内容。《中共中央 国务院关于全面推进乡村振兴加快农业农村现代化的意见》中指出要持续推进化肥农药减量增效，推广农作物病虫害绿色防控产品和技术；要实施农村人居环境整治提升五年行动，健全农村生活垃圾收运处置体系，推进源头分类减量、资源化处理利用，建设一批有机废弃物综合处置利用设施；全面实施秸秆综合利用和农膜、农药包装物回收行动，加强可降解农膜研发推广。发展生态循环低碳产业，坚持技术创新，持续加强产业建设，实现农村农田生态体系内部循环，节能及可再生资源能源高效利用，农业结构性减排，是全面推进乡村振兴战略，实现北京市农业农村现代化的关键举措。

（二）产业发展面临的问题

生态循环低碳产业面临的主要问题体现在高效有机农业生产技术匮乏；有机农业生产企业规模普遍较小，成本高，生产和市场需求脱节；市场不够规范，假冒有机产品严重损害消费者利益，公共认知和公信体系缺失；部分有机农业企业重认证、轻贯标。推动有机生产时，有机产品的真实性、可靠性和认知度需要获得消费者的信任，关键在于有效的技术和品质控制的能力。在推进种植废弃物利用方面，北京市分散农户和规模化种养两类农业经营主体因废弃物分散、投资高、维护管理严格等原因，对废弃物处理积极性不高。同时，低碳农业转型面临诸多不确定性，农业结构调整压缩了农业减排固碳空间，发展低碳农业的技术储备不足，农户分散化经营增加了农业低碳转型难度，以及农业碳排放测算和监测缺乏基础数据支撑等都是当前生态循环低碳产业发展所面临的问题。

七、家禽团队产业发展定位与面临的问题

（一）产业发展定位

北京市家禽产业将按照“强化种业支撑，坚持绿色发展，增加产品特色”的总体思路，以“生态环保、福利健康、优质高效”为总体目标，围绕品种选育创新、高效健康养殖、优质产品研发等重大产业需求，实现国产家禽种业振新、生态环保福利养殖、优质多样产品开发，推动北京家禽产业现代化发展。

（二）产业发展面临的问题

1. 产业发展空间受限

受北京城市定位、非首都功能疏解和环保政策等因素的综合影响，北京家禽产业的规模近年来严重萎缩，自给率一再降低，市民消费主要依靠外埠供应。另外，受制于土地、水资源等生产要素限制，家禽产业的发展空间受到限制。

2. 产品生产成本高

与外省市相比，北京市的土地成本、鸡舍建筑成本、劳动力成本均高于外埠，致使北京生产的家禽产品成本也高于外埠，市场竞争力不强。因此，需要通过提高科技含量和技术水平来促进家禽产业优质高效发展。

3. 家禽产业两极分化

正大、德青源、峪口等大型企业数量较少，但存栏占北京家禽存栏的近六成，而中小型企业存栏量少，但数量相对较多。大型企业在技术和装备方面都走在前列，但中小型企业仍然存在生产水平落后、饲料转化效率低、安全管理水平低的现象。

4. 健康养殖水平存在一定的提升空间

“十三五”期间家禽产业积极落实“禁养限养”“水十条”等政策，推动中小型家禽养殖企业转型升级，通过模式集成、种养结合等推动生态循环农业发展，但仍然存在生产水平落后、饲料转化效率低、安全管理水平低的现象。开发绿色投入品来提高饲料养分和饲料资源（特别是能量和蛋白质饲料）的利用效率，降低玉米、豆粕使用进口量，实现抗生素减量替代是北京家禽产业的迫切需求。

5. 功能性家禽产品开发不足

功能性家禽产品在北美及发达国家实现了全面推广，据市场分析，北美功能性鸡蛋的市场占有量约在20%，相关产品的经济效益约提高30%。在我国功能性鸡蛋的市场占有量不足1%，具有巨大的市场空间和发展潜力。开发功能性饲料，生产健康功能性家禽产品是产业发展的方向。

6. 环境控制和废弃物处理技术亟待升级

虽然北京大型企业的生产技术较为先进且合理，但众多中小型企业在饲养工艺、环境控制、废弃物处理与应用等方面优化升级不足，给产业持续高质量发展和产品创新带来了困难，阻碍着产业高新技术的突破和应用技术的落地。

7. 禽病确诊和防控难度加大

北京家禽产业规模化和集约化程度的提高，为助力家禽产业快速稳定发展发挥了积极作用，但同时也出现了一些制约发展的疑难问题，禽类疫病流行呈现出老病未去、新病又起的态势，临床症状及病变复杂，确诊难度增大，由此带来的药物滥用、疫苗过度免疫、新型生物制品匮乏等问题越发凸显，对家禽产业健康发展、疫病净化进程等构成了严重威胁。

8. 深加工禽产品不足

北京市禽产品加工较高的科技水平和产品竞争力，促进了产业转型升级和区域经济的发展，但北京家禽产品加工产业依然存在以下问题：蛋鸡、北京鸭、北京油鸡、肉鸽产品加工产业链短、附加值低、增值带动力弱，产品加工控制技术不完备，禽蛋和禽肉评价与分级标准缺失，特色方便即食和低温熟食产品缺乏，难以解决高质量禽蛋和禽肉如何生产，以及北京鸭、北京油鸡、肉鸽适合加工成什么产品以及如何加工的问题。

八、家畜产业发展定位与面临的问题

“十四五”时期畜牧业发展的内外部环境更加复杂，依靠国内资源增产扩能的难度日益增加，新发展格局面临诸多挑战。

一是稳产保供任务更加艰巨。未来一段时期，畜产品消费仍将持续增长，但玉米等饲料粮供需矛盾突出，大豆、苜蓿等严重依赖国外进口。受新冠疫情、非洲猪瘟等重大卫生安全事件冲击，猪肉、牛奶等重要畜产品在高水平上保持稳定供应难度加大。近几年，由于生猪养殖规模不断萎缩，北京市猪肉自给率迅速下降至10%以下，应急保障能力堪忧。奶源自给率不足，难以满足乳企和市场需求，从加工角度来看，北京乳品加工企业本地奶源供给率不足，据推算，加工企业的奶源满足率不足50%，北京市已排进了全国“缺奶”省市的前十名，也是我国北方省市中唯一进入“严重缺奶”程度的地区。从消费者角度来看，北京市乳制品消费量不断增长，高端奶需求尤其旺盛，但本地奶源自给率很低。按年人均50公斤需求计算，北京市奶牛养殖规模仅能提供年人均12公斤的牛奶，北京市奶源自给率仅为24%。

二是产业发展不平衡问题更加突出。虽然家畜产业整体水平持续提高，资源配置趋于优化，但不均衡与矛盾仍然存在。加工流通体系培育不充分，产加销利益联结机制不健全。从耕地承载力角度来看，通过对北京现有耕地的畜禽粪污承载力测算，北京畜牧业尚有3.2倍的扩容空间，但是扩容空间受政策天花板制约，无法实现。养殖端利润空间较小，加工端盈利能力呈下降趋势。此外，基层技术队伍不稳定，动态平衡始终没有形成。

三是资源环境约束更加趋紧。养殖设施建设及饲草料种植用地难问题突出，制约了畜牧业规模化、集约化发展；部分地区生态环境容量饱和，保护与发展的矛盾进一步凸显；种养主体分离，循环不畅，稳定成熟的种养结合机制尚未形成，粪污还田利用水平较低。从发展趋势来看，随着宜居城市建设和乡村全面振兴，环保标准只会越来越严格、越来越高，环保力度也会越来越大；从技术研发进展来看，规模养殖场畜禽粪污治理仍然没有得到彻底解决；从全球环境治理来看，为应对气候变暖，我国承诺采取更加有力的政策和措施，二氧化碳排放力争于2030年前达到峰值，努力争取2060年前实现碳中和，而农业的温室气体减排约束也会日益趋紧；从产业发展方式来看，外延式、高消耗的发展方式将转向绿色、高质量的发展方式。因此，环保约束与产业发展的矛盾十分突出。

四是产业发展面临的风险更加凸显。人畜两疫防控成为制约畜牧生产发展的最大风险因素，生产经营主体生物安全水平参差不齐，国内动物疫病多发常发，内疫扩散和外疫传入的风险长期存在。“猪周期”有待破解，猪肉价格起伏频繁，市场风险加剧。家畜品种核心种源自给水平不高，“卡脖子”风险加大。

五是提升行业竞争力要求更加迫切。目前，北京畜牧业劳动生产率、科技进步贡献率、资源利用率与发达国家相比仍有较大差距。国内生产成本整体偏高，行业竞争力不强，畜产品进口连年增加，不断挤压国内生产空间。

九、设施蔬菜产业发展定位与面临的问题

（一）发展定位

北京市蔬菜产业定位体现在城市蔬菜应急供应的基地、农民增收致富的手段、现代都

市农业和首都技术优势的展示四个方面。根据功能定位，北京市到2026年蔬菜产业总体供应能力、产品竞争力、可持续发展能力及科技水平将得到明显提高。

（二）产业发展面临的问题

虽然近年来本市蔬菜产业发展取得了一些突破性进展，但要尽快实现市政府提出的稳产保供、提升自产蔬菜供给率，做好应急供应保障和2035年实现农业现代化的目标要求，蔬菜产业仍存在一些制约产业现代化发展的瓶颈问题。

1. 设施蔬菜生产水平不高

设施农业是高产高效生产方式，但据市统计局近10年的数据显示，设施蔬菜平均单产仅2411.2千克/亩，仅为露地蔬菜平均单产的83.1%。从20年变化来看，露地蔬菜平均单产基本保持稳定，而设施生产能力显著下降，近10年较前10年下降38.9%。主要原因，一是由于现有园艺设施老旧化（主要是日光温室和塑料大棚）、保温性能差，环境调控设备不配套、调控能力弱，温光湿逆境影响作物正常生长；二是由于轻简化设施设备匮乏，老龄化的劳动力致使技术落实不到位；三是蔬菜品种结构的变化拉低了设施蔬菜平均单产；四是长期重茬种植，土传病害发生严重。

2. 生产规模小而散，不利于系列现代化装备应用

据调查，蔬菜种植规模在5亩以下的农户占比达65.81%。小规模的生产导致生产投入的积极性不高，这就造成了现代化生产设施与装备难以推广应用，简易生产、粗放式管理制约了生产力的提升。

3. 劳动力老龄化日趋严重，技术落地不实

北京市蔬菜种植者的平均年龄为55.95岁，其中60岁以上种植户占比36.8%；45岁以下青壮年种植户占比仅为11.1%。同时农户受教育程度普遍偏低，高中及以上文化水平农户仅23.1%。老龄化的劳动力致使精耕细作的技术难以落实到位，素质不高的生产者导致“经验型”生产仍占据主导，制约了新技术的推广应用。

4. 市场价格波动影响生产者信心

一方面，在全国蔬菜生产总量过剩的背景下，蔬菜价格相对较低，蔬菜生产效益低于其他经济作物；另一方面，北京蔬菜生产的主体仍然是农户，他们对市场风险的应对能力比较弱，市场价格大幅波动直接影响生产者信心。以华北型黄瓜为例，2021年各旬价格平均变幅123.2%，其中11月上旬高达199.6%。

5. 社会化服务能力不足

设施蔬菜是劳动力和技术密集型产业，尤其是土壤处理、植株整理（瓜果类蔬菜）、病虫害防治等专业性强、劳动强度大的技术环节。构建社会化服务体系，为蔬菜生产经营主体提供社会化服务，无疑是保障蔬菜产业发展的有力措施之一，但由于目前小农户为主分散经营的生产方式难以为社会化服务组织提供生存空间，直接制约了社会化服务组织的发展和服务质量的提升。

十、渔业产业发展定位与面临的问题

（一）产业发展定位

随着中国特色社会主义进入新时代，提供优质水产品和创建优美水域生态环境将成为今后北京渔业发展的重要目标。北京市鲟鱼和鲑鳟鱼产业以苗种繁育为主，商品鱼养殖较少，今后将通过提高繁殖效率，提高苗种质量，保持在全国鲟鱼苗种生产的龙头地位。观赏鱼要繁育和养殖并重，今后将通过提高繁殖效率、提高品质，增加花色品种，挖掘传统金鱼文化，扩大在国内的影响。

（二）产业发展面临的问题

1. 刚性约束越来越强

《北京市养殖水域滩涂规划（2021 年—2030 年）》划定的养殖区面积为 2244. 5 公顷，仅占北京市水域总面积的 6. 6%。2020 年北京市水资源总量为 25. 76 亿立方米，北京市人均水资源量仅为 118 立方米，远低于国际公认的人均 500 立方米的极度缺水线。环保对渔业排水要求越来越严，渔场需要办理农业设施备案手续。

2. 供给侧结构性矛盾依然突出

低品质低价值的观赏鱼还占有相当大的比例。行业内二三产业发展不够，以水产品精加工为代表的第二产业滞后，以休闲渔业为代表的第三产业发展还有较大提升空间。

3. 设施化装备水平不高

池塘设施化、机械化水平较低，农民主动改善设施条件的意愿不高，渔业生产工厂化、信息化、数字化、智能化水平低。

4. 渔业与市民生活的融合度还不高

受到水面及养殖用地减少和疫情等的综合影响，北京市的商品鱼自给率较低，估算低于 6%。鲟鱼、鲑、鳟鱼进入家庭消费的还不多，观赏鱼文化及文创产品发展较弱，市民购买观赏鱼大多还是通过水族店和花鸟鱼虫市场，无法区分观赏鱼的产地和质量，养殖观赏鱼的技术差距较大。

第七章　北京现代农业产业技术体系创新团队技术支撑作用

第一节　首都农业科技支撑能力稳步提升

"种业之都"建设取得显著成效。出台《北京种业振兴实施方案》，组织实施种业振兴"4520行动计划"，组织开展4大种业、10个优势特色物种种业联合攻关，引进创制优质种质资源214份，形成优良自交系90个，培育绿色优质多抗新品种55个。2021年和2022年分别推动设施农业品种和玉米良种"千村万户"良种更新项目，全面完成全国农业种质资源普查年度任务。2022年，自主知识产权"快大型白羽肉鸡WOD系列"3个新品种通过审定，自主选育我国第一个作为食用的杂交鲟"京龙1号"新品种；获得转基因育种专利授权304件，占全国18.3%；申请新品种保护324件，占全国17.4%，居全国首位；全市种业企业1622家，种业销售额达到160.2亿元。平谷畜禽种业创新示范区、通州种业创新示范区和北京南繁科研育种基地建设全面推进；成功举办世界种子大会、中国北京种业大会。

农业中关村建设全面启动。北京市与农业农村部签署《共同打造中国·平谷农业中关村合作框架协议》，出台行动方案和十条措施，推动任务落实。京瓦中心总部和三个创新分中心示范园建设基本完成，吸引众多创新资源落地，截至2022年，入驻国家级种业研发平台9个、省部级以上工程技术中心和实验室4个；引进院士工作站5个，建立博士后工作站10个；创建博士农场85个、科技小院13个，引进涉农企业178家；构建国内第一个蛋鸡基因组选择技术平台，自主研发设计第一款国产蛋鸡SNP芯片"凤芯壹号"；加强现代农业产业技术体系建设，优化组建设施蔬菜、家禽、数字农业等11个创新团队；出台农业关键核心技术攻关和农业科技应用场景建设方案，在全国率先组织实施地方科技攻关并组织承接5项国家重大攻关任务；持续深化昌平园、顺义园等7个国家农业科技园区建设，建设国家现代农业科技示范展示基地 3 个，认定市级农业科技示范基地 106 个。

乡村振兴大数据平台建设扎实推进。北京市出台《北京市加快推进数字农业农村发展行动计划（2022—2025）》，部署 5 大类 29 项重点任务；乡村振兴大数据平台建设完成，实现了乡村振兴数据“一张图”。点面结合发展智慧农业，北京现代农业物联网应用服务平台、智慧农园、数字菜田、通州数字农业试点等项目加快推进。平谷区加快建设数字农业先行示范区，推广“智慧农场”等农业数字化应用场景，建设数字农业联合创新中心。北京市建设京西稻智慧农场、农机无人作业试验示范基地，打造养殖机器人应用场景；开展智能农机装备推广应用，围绕农机装备智能化升级全面推进作业质量监测技术改造，总应用规模达 124.6 万亩，应用覆盖率达到 80% 以上。延庆、密云等 6 个区入选全国第七批率先基本实现主要农作物生产全程机械化示范县（市、区）。截至 2022 年年底，主要农作物机械化率达到 95.84 %，比“十三五”时期末提高了 5 个百分点，畜牧养殖机械化水平达到 84.57%，设施机械化水平达到 48.68%，农作物秸秆综合利用率达到 99.58%。

科技战略人才为产业发展提供支撑。北京作为科技创新中心，拥有农业科技人员总数达 2 万人，国家和省部级重点实验室、工程中心、科技园区等 200 多家，涉农高校 18 所，科研院所 9 家。此外，北京农业科技战略力量强大，国家级农业科研院校、地方科研院所、农业领域的全国重点实验室、国家重大科技基础设施、基础资源收集保存平台等农业科技战略量集聚北京，为北京都市型现代农业发展起到了重要的科技支撑作用。2008 年 1 月，在实施优势农产品区域布局规划的基础上，国家建设了以农产品为单元、产业链为主线、从产地到餐桌、从生产到消费、从研发到市场各个环节紧密衔接、服务国家目标的现代农业产业技术体系。2022 年，北京全市农业科技进步贡献率达到 75%，位于全国前列。根据公布的数据，2020 年北京农业科技进步贡献率为 73%，高于全国水平（60.7%），也明显高于天津（68%）、河北（60%）、山东（65%）、湖南（60%）和浙江（66%）等省市水平。

数字农业助力现代农业生产效率提升。目前，北京市数字农业农村工作在数字底座和基础支撑、农业产业数字化、乡村治理数字化、数字惠民等多个方面已开始取得成效。农业农村部信息中心监测数据显示，2022 年北京市数字农业农村总体水平比 2020 年提升 5.33 个百分点。北京市农村地区固定宽带通达率和光纤网络行政村通达率均达到 100%，涉农区菜田信息化应用覆盖率超 30%。朝阳区、海淀区国家数字农业创新应用基地已经完成建设。随着 5G、大数据等技术在农业生产中的应用，数字化种田、标准化远程管理，大大提高了现代农业生产效率。北京市乡村振兴大数据平台（一期）“数据一仓库”和“决策一张图”已经建成，正在不断推进涉农数据跨部门共享和有序开放。平谷区加快建设数字农业先行示范区，推广“智慧农场”等农业数字化应用场景，建设数字农业联合创新中心。

智慧农业为首都农业农村注入数字动能。北京市开发了国内首个常规育种与分子育种协同的作物育种云服务平台，“智慧育种”引领传统经验育种向智能设计育种的转型升级，打造北京“种业之都”新标志，推动我国种业科技向育种4.0时代迈进，深度融合应用物联网、移动互联网、大数据、云计算等现代信息技术。2022年农业（种植业）种业收入达1.3亿元，与上年同期基本持平。2023年北京市将推动数字技术与生产经营、行业监管、公共服务、乡村治理等深入融合，数字农业农村关键核心技术取得新突破，争取智慧农业发展水平比2022年再提高8.4个百分点，数字乡村发展水平比2022年提高6个百分点。按照计划，到2025年，北京市将全面建成乡村振兴大数据平台，智慧农业发展水平提高到67.5%，数字乡村发展水平由2020年的44.9%提高到74.5%。

第二节　创新团队总体情况

一、创新团队发展核心

“十四五”时期是我国在全面建成小康社会、实现第一个百年奋斗目标之后，乘势而上开启全面建设社会主义现代化国家新征程、向第二个百年奋斗目标进军的第一个五年，也是北京落实首都城市战略定位、建设国际一流的和谐宜居之都的关键时期。2023年中央一号文件明确提出守好“三农”基本盘至关重要，不容有失。强国必先强农，农强方能国强。要立足国情农情，体现中国特色，建设供给保障强、科技装备强、经营体系强、产业韧性强、竞争能力强的农业强国。2022年，现代农业产业技术体系北京市创新团队适应北京农业发展新趋势，对标北京“十四五”时期发展目标，助力农业发展取得新成效，使现代乡村产业体系基本形成；生态宜居实现新进步，全面完成美丽乡村建设任务；乡村文化振兴取得新进展，乡村社会文明程度进一步提高；农村民生发展达到新水平，城乡居民收入差距进一步缩小，乡村治理效能得到新提升，现代乡村治理体系更加完善，北京都市现代农业高质量发展水平获得提高，按期完成各项工作计划并取得显著成效。

二、创新团队发展理念

创新团队以习近平新时代中国特色社会主义思想为指导，全面贯彻落实党的二十大精神，以北京市产业为主线，着力打造从研发到市场各环节紧密衔接、环环相扣的现代农业产业技术体系。团队对标国内外先进技术水平，聚焦北京市乡村振兴发展要求，建立新型农业科研组织模式，着力解决阻碍农业科技发展的关键问题、突出问题、共性问题，致力研发一批具有自主知识产权的核心技术，加快实现首都农业农村现代化。

按照新时期新任务，2022 年北京市重新优化组建了 11 个现代农业产业技术体系北京市创新团队，包括 7 个产业类创新团队（设施蔬菜、粮食作物、食用菌、特色作物、家畜、家禽、渔业）、4 个功能类创新团队（景观休闲、数字农业、生态循环与低碳发展、产业经济与政策）。团队聚焦新时期北京产业发展重点目标，围绕产业发展急需，积极主动开展协同攻关、集成示范和推广工作，服务首都农业产业发展。

三、创新团队内部建设

（一）创新团队组织架构

北京市创新团队岗位融合度不断加强，不断重视组织机制、管理制度、文化建设和考核机制等方面的协调与创新，不断创新组织模式，充分发挥创新团队的“纽带作用”，通过岗位专家、综合试验站、田间学校的合作，指导开展相关的试验示范；不断加强团队建设，已经形成首席办公室、功能研究室、综合试验站和农民田间学校工作站为网络的组织结构；不断构建多种互联网平台，加强会议、语音、视频等沟通交流，提高工作效率。团队以总体目标为工作方向，营造团队文化，有效增强了团队的工作积极性，扩大了团队的社会影响。

（二）创新团队开展调研情况

2022 年，现代农业产业技术体系北京市创新团队开展以了解农户、市场、社会需求等为目的的调研，调研地点覆盖北京郊区与京津冀地区；参与人员包括团队岗位专家、综合试验站成员和田间学校成员等，本团队人员基本达到全覆盖；调研对象包括政府、企业、合作组织、工作站、农户及消费者等各领域，取得信息较为全面，创新团队此次的调研范围广、人员参与度高，准确摸清了产业的发展状况，为团队决策提供了现实依据。

第三节　创新团队技术研发与主推技术

一、创新团队技术研发

2021 年，北京市各创新团队从良种繁育技术、生态循环低碳技术、工厂化技术、生产设施配套、数字化、智能化等领域入手，重点研发推广高效、节肥、节药、增产、提质、保质的产品生产加工技术，示范推广成效明显（见表 7 - 1）。

表 7－1　　创新团队主要研发技术

创新团队	研发技术
数字农业	农业大数据与云服务技术、农业信息实时感知技术、农机精准作业技术、农业航空信息技术、农业智能机器人技术、农产品物流与电子商务技术、农业智能生产技术、食品安全管理与溯源信息技术、农业灾害与突发事件应急处理信息技术
景观休闲	休闲农业植物的景观高效技术、景观轻简技术、景观提升技术、景观生态技术、景观创意技术等景观营造技术
食用菌	改造质粒载体 pCAMBIA1302，实现与双孢蘑菇热休克蛋白基因（Hsp20）的重组，构建了农杆菌介导的香菇遗传转化体系等
粮食作物	玉米全基因组高密度 SNP（单核苷酸多态性）芯片 Maize6H－60K、鲜食玉米赤眼蜂生物防治玉米螟技术、航空施药精准作业关键技术等
特色作物	“两减一节”关键技术、早春多层覆盖提早生产技术、蜜蜂授粉技术、集约化育苗技术、微喷节水灌溉技术、水肥一体化技术、测土配方施肥技术、西甜瓜种子处理防控绿斑驳病毒病、猝倒病等综合配套技术等
生态循环	增效技术、病虫害预警技术、植保投入品的安全性和有效性评价技术、低碳节能转化技术等
家禽	SNP 遗传标记为基础的可靠技术、分子育种技术、全基因组关联分析（GWAS）及基因组选择技术、病原、抗体检测技术等
产业经济与政策	开展具有创新团队特色的理论研究、实证分析和专题调查，形成产业发展、科技支撑等方面的理论成果和政策建议
设施蔬菜	建立了基于叶菜全基因组分子标记鉴定和辣椒基于靶向捕获测序技术的高通量分子标记选择的优异种质创制与高效育种技术体系，研发了精准的青枯病抗性鉴定技术、集成高畦栽培、地膜覆盖、小拱棚覆盖、滴灌技术、施肥一体化、绿色防控技术体系、创新土壤消毒和活化技术、研发了褪绿病毒和南方番茄病毒的分子检测和人工接种技术等
渔业	创建了国内领先的鲟鱼周年全人工繁育技术、大麻哈鱼三倍体苗种生产技术、宫廷金鱼和锦鲤的繁育和改良技术等
家畜	生猪方面：分子标记辅助选择育种技术的筛选与验证、母猪定时输精技术、种猪高效育种技术集成与应用、繁殖母猪妊娠检测配套技术的研究和示范、适合我国主流猪种的遗传缺陷检测低密度 SNP 芯片技术研究等 奶牛方面：基因组选择和后裔测定、有害基因筛选技术、分子检测、DHI 测定技术等

二、创新团队研发成果

“十三五”期间，现代农业产业技术体系北京市创新团队累计推广技术 1123 项、品种 717 项，培训人员 71.4 万人，产生直接经济效益 27.8 亿元。在研发项目的同时，团队不断促进新品种和新产品的推广应用，2021 年，北京市农业科技进步贡献率达到 75%，高出全国约 14 个百分点，促进了产业技术进步，并丰富了市场的品种，满足了消费需求，有效推动了农业供给侧结构性改革（见表7－2）。例如团队掌握了大量核心育种技术，培育出一批自主知识产权品种："京科968"玉米品种累计推广已超过1亿亩，"MC670"品种创下亩产1663.25公斤的最新全国玉米高产纪录；"京红""京粉"系列蛋鸡品种市场占有率达58%；鲟鱼种苗年产量占全国60%以上。此外，团队研发项目"基于北斗的农机自动导航与作业精准测控关键技术"也入选了"2020世界智能制造十大科技进展"。

表7－2　　创新团队主要研发成果

创新团队	主要研发成果
数字农业	建有电子商务服务站点5000个，覆盖行政村3245个，行政村覆盖率达83.87%等
景观休闲	引进筛选出适宜北京农田景观营造的油菜、向日葵、荞麦、藜麦等农作物种类，同时引进适宜创意景观打造的彩色油菜、彩色水稻、彩色旱稻等品种，传统粮食、蔬菜被赋予景观效果，利用花卉开发了花茶、花卉菜肴和食品、花酒、花卉日化护肤品等产品
食用菌	率先发现和命名了考巴菌、欧氏羊肚菌两个新种，在松露、鸡枞等菌根菌的菌丝培养方面有所突破，率先驯化出卵孢侧耳、中国美味蘑菇、北野奥德蘑、北京羊肚菌新品种、丝球小奥德蘑、内蒙古口蘑6个野生菇种
粮食作物	SNP（单核苷酸多态性）芯片Maize6H－60K、"京科968""MC670"创下亩产1663.25公斤的最新全国玉米高产纪录；"京农科728"等系列早熟宜机收玉米新品种被遴选为"2020中国农业农村十项重大新产品"等
特色作物	研发"白雪公主""通州公主（12－62－33）""燕山公主（12－45－108）""承德公主（13－27－24）""香杉（11－47－19）""香玉（14－37－4）""16－4－6"和"16－40－D"草莓优良品系8个（受政策影响，未审定）及候选品系200余个等
生态循环	研发植物源（植物农药）、微生物源（菌剂）和动物源（天敌）的新产品，地源热泵开发利用等
家禽	研发了首个小型白羽肉鸡品种"WOD168"和白羽肉鸡品种"WOD188"，"天翔1号"肉鸽配套系ω－3鸡蛋、生物活性硒鸡蛋、牛磺酸鸡蛋、叶酸鸡蛋和虾青素鸡蛋5个功能性鸡蛋产品
产业经济与政策	开展具有创新团队特色的理论研究、实证分析和专题调查，形成产业发展、科技支撑等方面的理论成果和政策建议
设施蔬菜	研发了"京甜3号"甜椒、"国福901"辣椒、"中寿11－3"番茄、"北农"系列生菜等品种，筛选出1种生菜专用配方肥22－8－22（$N-P_2O_5-K_2O$）等
渔业	实现一年四季"订单式"生产、准确鉴定我国主要养殖的五种鲟鱼纯种和杂交种，以及杂交种的父母本；工厂化产量达到20公斤/立方米，观赏鱼绿色池塘养殖和工厂化养殖技术已初步构建；研制了鲟鱼亲鱼营养强化饲料、鲟仔稚鱼营养及开口饲料、鲟鱼专用低鱼粉膨化饲料等
家畜	生猪方面：育种与繁殖的遗传改良、饲料检测与配方调整等 奶牛方面：基因组选择与后裔测定、提高了奶牛群体的繁殖水平，有效缩短胎间距，繁殖效率精细化管理和健康饲养水平提高等

第四节　创新团队技术示范推广效益

一、经济效益

促进农民增收、带动农民致富是北京市创新团队的落脚点，通过对新技术、新产品的示范推广，对农民进行培训指导，扩大了新技术、新产品的应用范围，提高了农业生产效率，增加了农民收入，取得了良好的经济效益（见表7－3）。

表7－3　　创新团队经济效益总结

创新团队	产量提升	产品品质改善	要素投入减少	农民增收/企业增收
数字农业	1. 数字农业农村总体水平为34.9%； 2. 农业生产数字化水平为16.46%	促进大数据和农业生产实现深入融合和良好衔接	—	经济效益10.6亿元
景观休闲	1. 接待游客量增长34.2%； 2. 收入增长30.4%； 3. 带动农民就业人数增长7.31%； 4. 从业人员年人均工资增长11.15%； 5. 人均消费水平增长18.96%	1. 示范创建形成规模，特色载体形成亮点； 2. 休闲农业植物种类（品种）逐渐丰富； 3. 休闲农业景观营造手段呈现多元	—	经济效益32.6亿元
食用菌	1. 产量达到6.9万吨，增长20.1%； 2. 亩均效益可达3万元以上	5年间研发新产品34个	香菇种植面积减少	经济效益54681万元
粮食作物	1. 播种面积91.4万亩，产量达到37.8万吨； 2. 产量增长23.9%	谷子抗病性提高50%，抗倒率提高30%	1. 化肥利用率提高至40.3%； 2. 化学农药利用率提高至44.5%	—

续表

创新团队	产量提升	产品品质改善	要素投入减少	农民增收/企业增收
特色作物	1. 草莓产量增长 32.7%； 2. 西甜瓜年均产量 12.7 万吨	1. 水分生产效率提高 43.3%； 2. 草炭基质提高 22.7%； 3. 繁育系数提高 8.8%	1. 亩均灌溉量减少 22.8%，亩均节水 12.0%； 2. 每亩节省成本 375 元	经济效益超过 11.3 亿元
生态循环	1. 化肥利用率提高到 40.7%； 2. 化学农药利用率提高到 44.2%； 3. 农田灌溉水利用系数提高 0.735	1. 节约 1/3～2/3 的能耗； 2. 农作物秸秆综合利用率提高到 99.27%	减少 10% 肥料投入	经济效益每亩增收 2000 元以上
家禽	家禽产业产值占畜牧业总产值的比重提升至 43.86%	示范场粪便综合利用率达到 97% 以上	1. 示范场碳排放降低 20% 以上； 2. 氮排放降低 11%； 3. 氨排放减少约 140 吨	经济效益 20.3 亿元
产业经济与政策	1. 农业科技进步贡献率达到 75%； 2. 产值增长 2.16%	—	—	经济效益 269.1 亿元
设施蔬菜	产量增加 5.6%	完成播种面积 69.68 万亩、总产量 165.6 万吨，分别较 2020 年提高了 22.2% 和 20.1%	1. 亩均节水 45 立方米以上； 2. 亩均节肥 5.2 公斤（纯量）以上； 3. 亩节约纯养分 46.3 千克	产业规模以每年 20% 以上的速度递增，达到千亿级别
渔业	1. 产量 1.17 万吨，捕捞 1.01 万吨； 2. 工厂化产量达到 20 公斤/立方米	—	—	—
家畜	1. 生猪产量增长 75.6%； 2. 奶牛存栏量为 5.8 万头	1. 畜禽产品质量安全监督抽查合格率为 99.8%； 2. 北京生鲜乳监测合格率均达到 100%	成乳牛单产水平、机械化挤奶水平稳步提升	—

（1）通过使用新技术、新产品促进单位产量的提升，其中数字农业农村总体水平为34.9%，农业生产数字化水平为16.46%。景观休闲方面，接待游客量增长34.2%、收入增长30.4%，带动农民就业人数增长7.31%，从业人员年人均工资增长11.15%，人均消费水平增长18.96%。食用菌方面，产量达到6.9万吨，增长20.1%，亩均效益可达3万元以上。粮食作物方面，产量增长23.9%。

（2）产品质量提高方面，团队不断筛选和培育新品种，食用菌团队五年间研发新品种34个；景观休闲团队示范创建形成规模，特色载体形成亮点。休闲农业植物种类（品种）逐渐丰富，休闲农业景观营造手段呈现形式多元化；生态循环团队通过研发新产品、新技术，节约1/3~2/3的能耗，农作物秸秆综合利用率提高到99.27%。家畜团队，通过技术创新与应用推广，使得畜禽产品质量安全监督抽查合格率为99.8%，生鲜乳监测合格率均达到100%。

（3）要素投入方面，食用菌团队香菇种植面积有所减少；粮食作物团队，化肥利用率提高至40.3%，化学农药利用率提高至44.5%；特色作物团队，亩均灌溉量减少22.8%，亩均节水12.0%，每亩节省成本375元；设施蔬菜团队亩均节水45立方米以上，亩均节肥5.2公斤（纯量）以上，亩均节约纯养分46.3千克。

二、生态效益

北京所独有的生态资源优势已经成为转换乡村发展方式、推动产业转型升级的新动能，为首都乡村振兴提供着必不可少的物质基础，生态效益已成为北京农业产业的生命线。2021年北京市创新团队严格落实“绿水青山就是金山银山”的生态循环低碳发展理念，强化首都农业生态功能，积极发展节水农业和生态农业，切实推动北京都市型现代农业绿色发展，在节水减排、粪污处理方面成效显著，产生较大影响力的生态效益（见表7-4）。

表7-4　创新团队生态效益总结

创新团队	节水节能措施	减排措施
数字农业	—	—
景观休闲	—	聚焦农村生产景观、农家生活景观、乡村生态景观，建立“京华乡韵”休闲农业品牌体系
食用菌	—	1. 大力推广废菌棒及菌渣无害化处理和循环利用技术； 2. 全面推进“煤改电”和“煤改气”的“双替代”改造； 3. 加速发展林下经济，消纳了大量林地枝杈资源
粮食作物	土壤墒情监测系统、农机监测终端、航空施药作业监管与计量系统等农业智能装备在全市推广应用	大力开展和推广测土配方施肥技术、绿色防控技术、精准科学施药和病虫害统防统治

续表

创新团队	节水节能措施	减排措施
特色作物	1. 优化了西甜瓜微喷水肥一体化模式； 2. 集成了草莓滴灌水肥一体化技术规程	1. 筛选西甜瓜新型肥料 9 种，提出了网纹甜瓜减肥增效提质技术体系 1 套； 2. 研发草莓专用新型肥料； 3. 开展水药肥一体化技术研究，达到了节水、节药的目的
生态循环	1. 水肥一体化； 2. 低碳节能转化技术创新，包括地源热泵开发利用	1. 以“咖啡伴侣”的组合配方，建立药剂助剂复合体，利用助剂结构的特殊性，亲和、装载（吸附）和缓释药剂，达到减量增效的目标； 2. 大力推广秸秆和生活垃圾分类后的资源化利用，在郊区形成了一些较为成熟的处理模式
家禽	研创了“过热蒸汽 +”的连续化节能烤制、无水定量卤制、无烟熏制、人工模拟气候风干等传统禽肉制品绿色加工关键技术和核心装备	已集成蛋鸡、北京鸭、肉鸽生态环保养殖工艺 3 套，整合低蛋白饲粮、异位发酵床、粪污高效处理、林下养殖等 17 项关键技术和生产模式，打造 15 家示范场
产业经济与政策	—	—
设施蔬菜	围绕叶菜生产“两减一节”，明确了结球生菜不同生育期需水需肥规律，形成科学浇水施肥策略，集成高畦栽培、地膜覆盖、小拱棚覆盖、滴灌技术、施肥一体化、绿色防控技术体系，筛选出 1 种生菜专用配方肥 22 - 8 - 22（$N - P_2O_5 - K_2O$），优化底肥追肥施用方案，取得了显著的节水节肥效果	1. 优化底肥追肥施用方案； 2. 创新土壤消毒和活化技术，筛选出高效、无残留、对非靶标土壤微生物干扰可恢复的土壤熏蒸剂
渔业	研发了国内先进水平的鲟鱼微流水和工厂化养殖技术	开发了低氮磷排放的鲟鱼和观赏鱼饲料
家畜	开展了新型节水饮水器研发、节水型饮水器的改造示范和应用推广等	1. 在奶牛方面，奶牛场 90% 以上采用干清粪方式，减排贡献突出； 2. 在生猪方面，开展了规模猪场空气环境净化技术的研究与应用、减排（减氮）饲粮技术在育肥猪群上的应用研发等

（1）节水措施方面，以设施蔬菜团队为例，2021 年，围绕叶菜生产“两减一节”，明确了结球生菜不同生育期需水需肥规律，形成科学浇水施肥策略，集成高畦栽培、地膜覆盖、小拱棚覆盖、滴灌技术、施肥一体化、绿色防控技术体系，筛选出 1 种生菜专用配方

肥 22－8－22（$N-P_2O_5-K_2O$），优化底肥追肥施用方案，取得了显著的节水节肥效果。粮食作物团队方面，土壤墒情监测系统、农机监测终端、航空施药作业监管与计量系统等农业智能装备在全市的推广应用，减少了水资源的浪费。家畜团队，开展了新型节水饮水器研发，节水型饮水器的改造示范和应用推广等，有效地节约了水资源。

（2）减排措施方面，主要是通过降低氮、磷等的排放，控制二氧化碳等气体和污水排放，减少环境污染，如景观休闲团队，聚焦农村生产景观、农家生活景观、乡村生态景观，建立“京华乡韵”休闲农业品牌体系。食用菌团队，大力推广废菌棒及菌渣无害化处理和循环利用技术。北京市还全面推进“煤改电”和“煤改气”的“双替代”改造，加速发展林下经济，消纳了大量林地枝杈资源，节能减排效果明显。粮食作物团队，大力开展和推广测土配方施肥技术、绿色防控技术、精准科学施药和病虫害统防统治。特色作物团队，筛选西甜瓜新型肥料 9 种，提出了网纹甜瓜减肥增效提质技术体系 1 套，研发草莓专用新型肥料，开展水药肥一体化技术研究，达到了节水、节药的目的。家禽团队，已集成蛋鸡、北京鸭、肉鸽生态环保养殖工艺 3 套，整合低蛋白饲粮、异位发酵床、粪污高效处理、林下养殖等 17 项关键技术和生产模式，打造 15 家示范场。

三、京津冀协同效益

北京市创新团队以农业产业为纽带协同研发新技术，为增强优势特色产业的品牌效应，为京津冀特别是河北农村地区特色产业提质增效，为辐射带动津冀农户增产、农民增收发挥了积极作用，产生了良好效益。如食用菌团队在低收入帮扶、京津冀协同、世园会保障等方面也提供了智力支持，最终形成“以基地为依托，以科技为支撑，以标准为保障，以融合为目标”的发展新格局，辐射带动京津冀食用菌产业发展。粮食作物团队，亟须构建甘薯种苗脱毒、病毒检测和快繁技术体系并进行生产推广和应用，对健康种薯（苗）进行质量评价与和生产监测；建立鲜食玉米采后商品化处理、流通及贮藏保鲜技术体系，并在京津冀地区进行示范应用，实现京郊甘薯产业优质、高产和高效发展，引领京津冀脱毒种苗产业和甘薯产业发展；建立脱毒种苗的繁育和检测技术体系，生产脱毒种苗，面向京津冀地区推广应用。特色作物团队，全国每年草莓生产苗的需求量约 200 亿株，环渤海湾地区约 100 亿株，京津冀约 20 亿株，北京约 1 亿株，种苗质量对产业发展起到了决定性作用，团队在产前、产中和产后开展技术研究、示范、培训和指导，提高产业整体发展技术水平，促进农民增收；团队立足北京，引领京津冀，带动全国特色作物产业发展。家禽团队，研发的国产良种及配套技术覆盖京津冀 1 亿只蛋/肉鸡养殖，辐射全国 4 亿只蛋/肉鸡养殖，在京津冀乃至全国进行新品种、新技术示范推广，提高优良品种覆盖度和市场占有率；初步建成覆盖北京、河北、河南等地的奶牛育种数据体系，覆盖核心育种群体规模达 8 万头（其中成母牛 4.3 万头），辐射其他省份群体 3 万头（其中成母牛 1.6 万头），形成了总规模达 11 万头的奶牛良种繁育体系，并具备了优秀荷斯坦种公牛自主培育能力，年培育种公牛 60 头（见表 7－5）。

表 7－5　创新团队京津冀协同效益总结

创新团队	协同研发	辐射带动情况
数字农业	—	—
景观休闲	—	—
食用菌	团队在低收入帮扶、京津冀协同、世园会保障等方面提供智力支持	最终形成“以基地为依托，以科技为支撑，以标准为保障，以融合为目标”的发展新格局，辐射带动京津冀食用菌产业发展
粮食作物	亟须构建甘薯种苗脱毒、病毒检测和快繁技术体系并进行生产推广和应用，对健康种薯（苗）进行质量评价与和生产监测；建立鲜食玉米采后商品化处理、流通及贮藏保鲜技术体系，并在京津冀地区进行示范应用	实现京郊甘薯产业优质、高产和高效发展，引领京津冀脱毒种苗产业和甘薯产业发展； 建立脱毒种苗的繁育和检测技术体系，生产脱毒种苗，面向京津冀地区推广应用
特色作物	—	在产前、产中和产后开展技术研究、示范、培训和指导，提高产业整体发展技术水平，促进农民增收； 立足北京，引领京津冀，带动全国特色作物产业发展
生态循环	—	—
家禽	国产良种及配套技术覆盖京津冀 1 亿只蛋/肉鸡养殖	辐射全国 4 亿只蛋/肉鸡养殖，在京津冀乃至全国进行新品种、新技术示范推广，提高优良品种覆盖度和市场占有率
产业经济与政策	—	—
设施蔬菜	“十四五”期间北京将创建 100 个左右立足北京、辐射京津冀、区域代表性强、链条完整、产业特色明显的农业科技示范基地	利用京津冀协同发展的机遇，强化多地合作，建立外埠基地，充分发挥北京品牌优势和延伸先进生产模式
渔业	加强京津冀协作，发挥各自优势，打造共同产业链，形成协同共赢的发展新模式	—
家畜	初步建成覆盖北京、河北、河南等地的奶牛育种数据体系，覆盖核心育种群体规模达 8 万头（其中成母牛 4.3 万头）	辐射其他省份群体 3 万头（其中成母牛 1.6 万头），形成了总规模达 11 万头的奶牛良种繁育体系，并具备了优秀荷斯坦种公牛自主培育能力，年培育种公牛 60 头

第五节　创新团队技术创新进展

一、数字农业团队技术创新进展

（一）农业大数据与云服务技术

农业数据是建设数字农业的基础和前提，大数据与云计算技术是实现数字农业的重要手段，是有效支撑农业生产增效、食品安全保障、育种技术创新、产业布局优化的关键。数字农业团队利用大数据与云服务技术助力农业生产主要包括海量时空耦合农业数据并行存储技术，促进大数据和农业生产实现深入融合和良好衔接；蔬菜、果品、畜禽等生产经营大数据的在线智能分析与决策挖掘技术，实现农产品多源数据的在线汇聚与智能分析决策；基于云服务的生产经营数据服务个性化定制与推送技术，促进农产品产销对接；食品安全大数据智能服务共性支撑技术，实现食品安全大数据的智能获取、海量存储、高效挖掘分析和个性化服务推送，对可能存在的食品安全隐患及时预警。

（二）农业信息实时感知技术

农业信息实时感知是数字农业发展的关键环节，是满足农业复杂多变作业环境中实时监控的重要手段，主要包括精准空间定位技术，高光谱、超光谱、成像光谱等高空遥感载荷，通过近地遥感、高空探测、卫星遥感等传感手段获取土地利用和作物群体性状信息；近红外光谱、介电频谱等土壤化学信息获取的物理光学基础技术，实现高精度土壤含水量、土壤成分、空气质量、水质等信息获取；动植物生命信息感知、生物特征识别、营养状态诊断等基础技术，实现植物的生长过程检测和连续监测；基于超声、生化、纳米技术的动物生命信息感知技术，实时获取动物的营养状况、生命力、体重、脂肪含量等参数；基于太赫兹、光谱、超声、阻抗频谱的农产品组分、品质信息获取技术，实现农产品安全快速检测与溯源。

（三）农机精准作业技术

数字农业的发展需要精细化、自动化、智能化的精准作业技术和装备提供支撑，主要包括农机定位与导航控制技术，农机行走机械智能测控技术和农机物联网技术，农机作业集群生产过程中作业量计量、作业位置、运行状态、工况信息等的实时感知技术，拖拉机、收获机等农机具协同作业智能控制关键技术和主－从协同作业自动导航技术，农业复杂环境作物信息感知技术，农业环境下作物特征参数测量技术，目标自动识别对靶智能高效施药技术等。

（四）农业航空信息技术

随着航空技术及数字信息技术的发展，现代农业航空技术的应用已成为农业现代化的显著特征，主要包括农业航空无人机飞行平台相关的控制与导航技术，农用无人飞行平台控制、导航、指挥、智能作业路径规划技术，农业航空专用分析、检测仪器与装备等技术。

（五）农业智能机器人技术

农业智能机器人技术是数字农业的制高点，主要包括基于机器视觉的图像信息快速获取与生物信息模式识别技术，农田作业车辆自主导航和无人驾驶技术，农业机器人现场总线通信技术和机电液一体化控制技术，农业机器人作业过程在线检测、监视与诊断技术，以及识别育苗、快速移栽、柔性嫁接、自动采摘、分级包装等智能机器人技术。

（六）农产品物流与电子商务技术

农产品物流与交易环节信息技术的应用，是实现农产品减损、增值和加快流通效率的关键，主要包括农产品智能电子标签、果蔬内外部品质快速无损检测、冷链物流技术与装备、农产品价格分析与预测、供应链协同管理与溯源等技术。

（七）农业智能生产技术

通过农业智能生产感知传输、融合处理、分析决策、反馈控制的有效集成，能够充分发挥数字农业整体效能，主要包括大田种植育种信息化、智能催芽、大尺度农情监测、农机精准作业等集成技术，设施园艺环境监测、生理监测、智能控制、水肥一体化、病虫害预测预警、产品分级分选、植物工厂等集成技术，畜禽养殖环境监控、体征监测、精准饲喂、疫病防控、科学繁育、粪便无害化处理等集成技术，水产养殖水体监控、精准投喂、水产类病害监测预警等集成技术。

（八）食品安全管理与溯源信息技术

利用信息技术实现农产品安全生产、加工、储运、消费等全程质量控制，能够有效解决舌尖上的安全问题，主要包括条码、二维码、RFID、无线传感器网络、地理信息系统、光谱等集成技术，农产品产地标识与防伪、农产品溯源信息快速采集、农产品储运信息实时监测、农产品交易过程信息快速获取和多平台溯源等技术。

（九）农业灾害与突发事件应急处理信息技术

利用信息技术对农业灾害与突发事件的防控和应急处置，是保障农业生产安全的有效途径，主要包括基于物联网开展农业灾害与突发事件现场信息快速感知技术、多源信息快速无缝采集与传输技术、应急处置及协同指挥决策技术、处置过程远程监控与指挥调度技术，农业灾害和突发事件及环境背景信息采集与传输、应急处置决策分析和协同指挥等技术。

二、景观休闲团队技术创新进展

（一）休闲农业植物种类（品种）逐渐丰富

近几年，随着北京休闲农业持续发展，应用到休闲农业的植物种类（品种）数量不断增加。针对大尺度乡村景观营造，引进筛选出适宜北京农田景观营造的油菜、向日葵、荞麦、藜麦等农作物种类，同时引进适宜创意景观打造的彩色油菜、彩色水稻、彩色旱稻等品种。在休闲农业园区、乡村民宿、阳台等小型空间场景营造中，赏食兼用的蔬菜、花卉、果树以及食用芳香植物、观赏草等应用越来越多。在功能方面，传统粮食、蔬菜被赋予景观效果，利用花卉开发了花茶、花卉菜肴和食品、花酒、花卉日化护肤品等产品。

（二）休闲农业景观营造手段呈现多元

近几年，北京休闲农业景观营造技术和手法日益丰富，经历了花海营造阶段、产业融合阶段和生态景观阶段。针对北京市民对大田景观化、园区多功能化、林下复合化和城乡科普化等需求，研发了休闲农业植物的景观高效技术、景观轻简技术、景观提升技术、景观生态技术、景观创意技术等景观营造技术。同时，团队还依托自然环境提升自然景观和人文景观，与当地特色文化融合，打造个性化的独特景观。

（三）休闲农业产品日趋多样

近几年，北京休闲农业产品类型日趋多样，不仅涌现了一批京郊特色鲜明的农产品伴手礼、乡村美食，而且随着农业与教育、文化等领域跨界融合，形成了多样化的科普产品、文化体验产品。依托高校和科研院所的技术和人才支撑，门头沟区“灵山绿产”、延庆区“妫水农耕”等区级伴手礼，“龙湾好礼”“西集大樱桃”等镇级伴手礼以及以“素食宴”“栗子宴”“菊花宴”等为代表的乡村美食推陈出新，产品功能性日益精细化，外观形态和包装日趋精致化，不仅兼顾环保和健康元素，而且植入当地特色文化，备受消费者青睐。

三、食用菌团队技术创新进展

（一）基础理论创新为产业发展奠定坚实基础

团队将演化时间这一指标引入系统发育图谱构建中，为利用“单系＋表型＋演化时间”的研究新思路建立更为客观的分类体系奠定了坚实的基础，该成果受到国际国内同行关注。团队率先发现和命名了考巴菌、欧氏羊肚菌两个新种，丰富了菌类资源。团队在松露、鸡枞等菌根菌的菌丝培养方面有所突破，为菌根菌的驯化栽培奠定了一定基础，在行业内属于领先的水平。团队还率先驯化出卵孢侧耳、中国美味蘑菇、北野奥德蘑、北京羊肚菌新品种、丝球小奥德蘑、内蒙古口蘑6个野生菇种，打破了行业内技术壁垒。

（二）优质品种选育为产业提供“芯片”

食用菌团队的育种技术实现了创新，改造质粒载体pCAMBIA1302，实现与双孢蘑菇热休克蛋白基因（Hsp20）的重组，构建了农杆菌介导的香菇遗传转化体系，转化子萌发率由16.5%提高到29%。团队将组学研究应用到育种中，构建了多种育种技术体系，为品种选育奠定基础；选育12个具有自主知识产权的优良品种，其中自主选育平菇品种4142、4195推广5500亩以上，市场应用率达21%。

（三）先进技术模式研发助力产业优化升级

食用菌团队集成推广了5种主要食用菌优质化高效生产、特色菇种生态栽培等模式，满足了林下、设施、工厂化栽培的技术需求，适应了产业的新发展需求。

四、粮食作物团队技术创新进展

（一）科技创新研发基础更加扎实

粮食作物团队研制出玉米全基因组高密度SNP（单核苷酸多态性）芯片Maize6H-60K，玉米国审品种数量位于全国前列；构建了国内首个实现共享的玉米DNA指纹数据库，库容量达到10万份，并广泛应用于品种区试审定、种子市场监督抽查、种子质量管理、品种权保护和司法鉴定中；建成亚洲最大天敌昆虫种质资源库，保有天敌昆虫30余种、150多个功能品系。

（二）成果转化应用成效明显

粮食作物团队自主创新选育的京科系列玉米品种推广面积占全国玉米种植面积的18%以上，京科968作为全国玉米主导品种之一，累计推广超过1亿亩，MC670创下亩产1663.25公斤的全国玉米最新高产纪录；京农科728等系列早熟宜机收玉米新品种被遴选为“2020中国农业农村十项重大新产品”之一；国内首个大型商业育种软件“金种子育种云平台”在300多家育种单位得到应用，为商业化育种提供了信息化解决方案。团队还建设7个国家农业科技园区、3个国家现代农业科技示范展示基地、35个市级农业科技示范基地，成为农业科技成果转化与推广的重要平台。团队打造的现代农业产业技术体系和“一主多元”农技推广服务体系支撑更加有力，服务主导产业发展与农民增收取得明显成效。

（三）农业绿色发展水平稳步提升

粮食作物团队大力开展和推广测土配方施肥技术、绿色防控技术、精准科学施药和病虫害统防统治。化肥、化学农药施用量实现了负增长，2020年主要农作物化肥利用率提高至40.3%，化学农药利用率提高至44.5%。研发新型复合缓释肥料，提高了利用效率，改善了作物品质。筛选出防治甘薯根腐病效果较好的防治药剂——氯化苦，但甘薯病毒病还没有有效的防治药剂。研发鲜食玉米赤眼蜂生物防治玉米螟技术，在一定程度上有效地控制了玉米螟的虫害。

（四）农业机械化水平进一步提高

2020年，北京市主要农作物耕种收综合机械化水平达90.9%，小麦机播率和机收率、玉米机播率均实现了100%；鲜食玉米播种已基本实现机械作业，甘薯机械化水平有了一定提升。土壤墒情监测系统、农机监测终端、航空施药作业监管与计量系统等农业智能装备在全市推广应用，其中航空施药精准作业关键技术打破了国外垄断。

（五）采后保鲜贮藏加工技术研发还需进一步加强

北京地区鲜食玉米、甘薯基本以鲜食为主，少量甘薯加工成薯干、粉条等产品。鲜食玉米采后糖分易转化成淀粉，影响口感，且容易失水变质，因此很难长期贮藏。北京甘薯贮藏2009年之后逐渐形成规模，2015年发展到最大贮藏量1843吨，年贮藏量384吨，主要集中在大兴、密云、房山等区，多以合作社组织为主体，贮藏时间5～7个月。鲜食玉米、甘薯对贮藏保鲜技术都有很强的依赖性，但北京市还缺乏绿色精准的减损保鲜技术，亟须加强采后保鲜贮藏加工技术研发和推广应用。

五、特色作物团队技术创新进展

（一）创新丰富种质资源，选育筛选优良品种

特色作物团队选育出“白雪公主”“通州公主（12－62－33）”“燕山公主（12－45－108）”“承德公主（13－27－24）”“香杉（11－47－19）”“香玉（14－37－4）”“16－4－6”和“16－40－D”草莓优良品系8个（受政策影响，未审定）及候选品系200余个；开展种子繁殖型草莓品种选育，获得了“红玉”“越心”等国内外22个草莓品种的1代自交苗6630株；累计引进国内外草莓品种40个，筛选出优良品种8个——“圣诞红”“越心”“醉霞”“白雪公主”“光点”“弥生姬”“香野”和“红玉”；形成了红、橙红、淡绿、粉、白等多种果实颜色的彩色系列和抗炭疽、耐弱光、早熟、丰产系列品种，优化了草莓的品种结构。

团队建立了高通量的西瓜分子标记检测平台，效率较传统育种材料选择方法提高100倍；利用分子辅助育种技术，创制了综合抗性优良、品质优异的育种材料196份；筛选出高抗枯萎病、白粉病的西瓜材料338份；筛选出高抗“根腐病”、病毒病的葫芦砧木材料179份；获得南瓜砧木抗病毒材料（CGMMV、PRSV和ZYMV）12份；筛选出西甜瓜新组合213个，选育并通过新品种审（鉴）定登记的品种共14个（西瓜12个、甜瓜2个）。团队以“优质”“多样”“特色”“高端”为目标，累计引进新品种184个；示范推广“京美系列”“京彩系列”“佳丽系列”和“维密”等西甜瓜品种130个，面积累计达8万亩，总增收3179.32万元；形成了大小果型、红黄果肉、皮色多样搭配的品种生产格局，西瓜含糖量有一定提升，进一步确立了北京西甜瓜的品质优势。

（二）建立育苗技术体系，提高种苗质量

特色作物团队研究草莓脱毒快繁技术，明确茎尖脱毒、培养基配制、栽培基质配比等关键环节技术要点，茎尖脱毒率、分化率和原原种苗移栽成活率均可达到100%；建立了草莓镶脉病毒（SVBV）定量检测方法，用于田间草莓叶片样品中SVBV的定量检测，为确定草莓带毒量与发病率之间的相关性奠定基础；建立草莓三级育苗技术体系，形成组培－检测－应用－监测的良好生产模式，原原种苗脱毒率100%，生产苗带毒率从87.5%降低到7.1%；同时，带动全市种苗繁育体系良好发展。

西甜瓜育苗基地应用了西瓜育苗嫁接机、催芽室、设施育苗灌溉精量节水系统和育苗室补光灯，扶持建设集约化育苗场与育苗大户22家，西瓜秧苗壮苗率及定植成活率达到

95%以上；年均育苗数量从2016年的340万株增加到2021年的1845万株，增长442.6%。

（三）建立智能灌溉制度，提高水肥利用效率

特色作物团队集成了草莓滴灌水肥一体化技术规程，根据草莓灌溉现状及存在的问题，采用水量平衡法摸索草莓耗水规律，建立了耗水量和累积光辐射能之间模型；开发了用于基质和土壤栽培的轻简式智能灌溉施肥机；引进活性水设备对草莓灌溉水源进行活化处理，同步提高产量和品质；开发首部加温装置，降低冬季低温对草莓生产的影响。团队在昌平等草莓主产区累计建立节水技术示范点30余个，示范面积3000余亩，开展草莓精量灌溉技术示范，技术应用率为100%，示范区水肥高效利用技术覆盖率100%，亩均节水12.0%，水分生产效率提高27.1%。

团队优化了西甜瓜微喷水肥一体化模式，采用水量平衡法初步摸索了小西瓜阶段性耗水规律，初步建立了灌溉策略；开展单质微量元素片剂肥研发、功能性水溶肥应用效果研究，筛选出的以酵素为主要成分的功能性水溶肥，可提升西甜瓜可溶性固形物5%以上；针对生产中存在的灌溉量多、水资源浪费的问题，与大兴区农业技术推广站联合设计并优化了微喷水肥一体化技术模式，在大兴区庞各庄镇等西瓜主产区应用率超过50%，与传统灌溉方式相比较，亩节水25%以上。

团队研发草莓专用新型肥料，“十三五”期间针对草莓研发复合碳基缓控释肥1种，草莓种苗壮苗指数（隋珠）较常规草炭基质提高22.7%，繁育系数提高8.8%，而生产成本较草炭基质降低12%~27%（不同配比）；开展了不同水溶肥与氨基酸类肥料配施试验，其中水溶肥与氨基酸叶面肥相结合对品质的影响尤为突出，维生素C含量提高24.%，可溶糖增加25.6%，并显著增加了草莓的单果重。团队研发适用于草莓生长的大量元素水溶肥料和氨基酸中微量元素水溶肥料2种，和农民常规肥料对比，2个配方的肥料生产效率分别提高49.5%和50.2%，草莓果实的硬度平均增加了0.8个单位，利于草莓的采收、存储和运输；团队将配方进行转化，年生产液体600吨，粉剂2000吨。团队针对长季节越冬茬种植存在低温冷害生理病害及果品质量受损的问题，通过叶施低聚糖和抗氧化植提物类等生物刺激素产品，提高草莓抗逆能力。

团队筛选西甜瓜新型肥料9种，提出了网纹甜瓜减肥增效提质技术体系1套；针对西瓜筛选出7种新型肥料，提高品质，降低果实空心率；针对甜瓜研究了钙镁肥对品质的影响，筛选出最佳用量为60毫摩尔/升的浓度的硫酸镁和20毫摩尔/升浓度的硝酸钙，并创新地提出了网纹甜瓜集“规律—策略—产品—技术—工具—系统”为一体的减肥增效提质技术体系：明确氮肥和钾肥养分需求规律，并针对性地提出两种肥料的施肥管理策略，筛选出2种功能性肥并研究其作用机理，研发2套甜瓜物化工具。团队还在西甜瓜栽培环节示范无土栽培单质肥、专用配方肥、功能性肥料等，示范区亩化肥用量降低到70公斤。

（四）研究绿色防控技术，保障产品质量安全

特色作物团队为确保草莓种植安全生产，针对草莓上易发生、难防治的红蜘蛛进行生物防治方法推广，减少打药次数，确保草莓果实安全，定期为草莓种植户发放加州新小绥螨，不定期进行技术培训、发放明白纸和入户指导。加州新小绥满从覆膜后的10月底后开始释放，每20～30天释放一次，每次6～7瓶/亩，可实现杀螨剂零使用，红蜘蛛的危害率平均降低88.3%；生物防治法应用4278亩，共计节本增收48.1万元。

团队针对草莓白粉病危害问题，加强农业防治技术，避免或减少病害的传播和扩散，在生产过程中及时剔除病死苗；拉秧后及时清理病残体，深翻土壤（基质），延长高温闷棚时间（拉秧后到定植前），达到提高土壤消毒效率、降低定植期草莓死苗率5%～7%、提升成活率10%、减少农药施用2次以上的效果。草莓白粉病防治技术应用规模200亩，农药亩用量减少10%。团队通过简单的农事操作和农药的高效使用，能够有效地降低农药施用量和施用次数，保障草莓安全生产。

团队明确西甜瓜常发性病害种类和病原菌种类，开发应用种子处理剂，直接播种，发芽率提高5%～10%，出苗率提高5%，死苗率降低10%，减少施药次数1～2次，有效地实现了良种的标准化。团队还开展了水药肥一体化技术研究，达到了节水、节药、省工的效果。团队在无籽西瓜、有籽西瓜上示范抗重茬微生态制剂，平均单果重增加4.4%，裂果率降低35.0%，中心糖含量增加2.6%，边糖含量增加9.9%；针对西瓜黑斑病的综合立体绿色防控技术，降低农药使用量10%，生物农药替换化学农药的比例由现在的10%～15%提高到20%～30%。

（五）强化农机农艺融合，推进设施机械化

特色作物团队基于草莓土壤栽培“垄侧实、垄顶虚”的农艺需求，研发了适用于日光温室东西高垄种植的YT8－K30型草莓起垄机。经鉴定，起垄机起的土垄平均高度33.5厘米，垄高合格率100%（≥30厘米），垄高变异系数2.6%；垄顶宽40.3厘米，沟底宽29.3厘米，垄侧紧实度230千帕，起垄时一次性压实。利用草莓专用起垄机东西起垄，劳动生产率可以提高10倍以上，每400平方米温室可节约起垄人工成本300～500元。2020年YT8－K30型草莓起垄机纳入北京市农机购置补贴范围，加快推广应用。

针对北京市塑料大棚主栽的小型西瓜品种，团队形成西瓜机械化耕、种技术模式，改进旋耕起垄一体机，研制双行西瓜秧苗移栽机，采用一垄双行种植方式，小行距0.4米，在宽10米长67米大棚中，最大可机械种植6垄12行2680株，满足小果型瓜单蔓单瓜整枝农艺要求。团队还探索了西瓜机械化分选、撒施肥、藤蔓废弃物处理等机械化技术和装备，初步实现塑料大棚小型西瓜生产关键环节机械化。

（六）研发关键环节技术，集成高效生产技术体系

特色作物团队研发了集成设施细节要求（遮雨、遮阳、隔绝土壤、通风）、育苗前细节要求（基质配比、资材消毒、配套模式）、种苗选择细节（脱毒、根系发达）、定植管理细节（降温、通风、病虫害定期防控、植株整理）和出苗细节要求5个关键过程的管理技术，突出细节管理，形成以细节管理为核心的草莓健康种苗繁育技术体系，减少了病虫害的发生，培育了健康种苗。团队以环境调控为例，通过使用轴流风机促进棚室内空气流动，结合基质槽、压苗卡等育苗资材的消毒管理，调整种苗密度，减少了育苗后期炭疽病的发生，种苗总产量增加 6.7%。

团队还从产前准备（优良品种选择、健康种苗繁育与应用、土壤处理）、产中管理（机械起垄、环境调控与智能化监测、病虫害绿色防控、肥水管理、辅助授粉、植株整理、适时采收）和产后加工（草莓干、草莓酱、草莓发酵）做起，形成草莓轻简栽培和智能管理相结合的优质高效生产技术体系，既提高了工作效率，又保障了草莓的优质、高产，增加了农民生产效益。

团队制订了设施西瓜栽培技术规程、甜瓜设施栽培技术规程等技术规程 5 套，重点示范了小型西瓜高密度抢早栽培、中果型西瓜简约化栽培、草莓日光温室套种西瓜栽培、西瓜长季节栽培、小型西瓜基质栽培、甜瓜双优栽培 6 项种植模式，累计增收 12901.3 万元，西瓜供应时间达到 178.4 天，较 2016 年延长 20 天。

（七）加强风险评估与品质管控，保障产品优质安全

果品安全风险评估包括危害识别、危害特征描述、膳食暴露评估和风险特征描述等，果品中的危害因子主要有农药残留和微生物污染等。近几年特色作物团队研发了农药残留的快速检测方法，包括酶抑制法、免疫分析法（酶联免疫吸附分析、荧光免疫分析、胶体金免疫层析法）、生物传感器检测法、光谱分析法、纳米生物技术法等，还研发了病原微生物快速检测方法如核酸检测法、免疫学方法（酶联免疫吸附分析、免疫磁珠分离分析）、生物传感器检测（光学生物传感器、压电生物传感器、电化学生物传感）等方法，其中酶抑制法、酶联免疫法测定农药残留，聚合酶链式反应（PCR）、酶联免疫法检测病原微生物是较成熟且推广应用较好的检测方法。

果品产后品质管控技术是采收、分等分级、预冷、包装、保鲜、冷链物流等技术的集成。团队近年来研发出了强制通风预冷、差压预冷、水冷预冷、水冷风冷双效预冷、真空预冷等技术与设备，制订小型西瓜产后分级标准，研发小型西瓜自动化分级设备 1 台；建立了庞各庄分拣销中心 1 个，初步实现西甜瓜无损分级和保鲜运输。草莓中以强制通风预冷、真空预冷、差压预冷为主，西甜瓜中以水冷预冷、水冷风冷双效预冷为主。保鲜处理是维持产品品质的重要措施，气调保鲜、辐照保鲜、热处理、光照处理等物理保鲜方法及可食性涂膜保鲜、拮抗微生物、天然植物提取物等保鲜方法在草莓和西甜瓜保鲜中也有研究。

六、生态循环低碳团队技术创新进展

（一）有机农业生产关键技术逐渐成熟

生态循环低碳发展产业技术创新体现在有机生产技术的创新，包括相关增效技术，例如，以“咖啡伴侣”的组合配方，建立药剂助剂复合体，利用助剂结构的特殊性，亲和、

装载（吸附）和缓释药剂，达到减量增效的目标；新产品的研发，包括植物源（植物农药）、微生物源（菌剂）和动物源（天敌）的新产品；病虫害预警技术（美国和意大利利用病害预警技术建立了葡萄霜霉、白粉病等病害预警系统，通过结合计算机技术，实现远程实时监测病害发生情况并开展病害精准防控）；植保投入品的安全性和有效性评价技术，农业农村部已启动实施农业生产“三品一标”（品种培优、品质提升、品牌打造和标准化生产）提升行动，并构建农产品风险动态监控和风险交流机制；综合养分管理系统在水肥一体化上的应用，综合养分管理系统是一种可持续且经济高效的土壤肥力管理的替代系统，它通过无机与有机材料的结合应用，在不影响环境的情况下提高土壤肥力和生产力。

（二）废弃物利用和转化技术向精细化发展

废弃物利用和转化技术创新体现在秸秆还田，包括就近就地循环利用清洁转化技术、好氧和厌氧废弃物发酵技术、农业和农村废弃物利用过程中的精细化监测技术；针对北京郊区地域特点和有机废弃物特点，实行区内大尺度镇级联合、中尺度村级联动、小尺度园区闭环等多种循环模式；构建大尺度镇级联合的集中式、分散式、原位式不同处理模式，中尺度村级联动的分散式、原位式不同处理模式，小尺度园区闭环的分散式、原位式不同处理模式。

（三）适宜北京市农业发展的低碳节能技术逐渐涌现

低碳节能转化技术创新，包括地源热泵开发利用（荷兰等欧洲国家探索采用地源热泵技术用于设施农业生产，夏季通过把地层低温冷水源抽到地上，用于温室降温，经过热交换的热量回流到地下，冬季再把高温热水源抽上来，只需要稍微加温就可以用于温室增温，可节约 1/3 ~ 2/3 的能耗），探索光伏发电与设施农业的结合（日本和欧美国家持续推进光伏农业技术研发，在确保温室作物采光的前提下，充分利用太阳能进行光伏发电，产生的电能用于作物补光，同时解决夏季降温、冬季供暖的用电需求），开发工业多余能量回收和综合利用技术（欧美国家利用工业锅炉排放的高温烟气进行收集转换、储存，用于冬季温室作物加温），强化太阳能光热转化系统在设施农业的应用力度（针对节能型日光温室，我国开发了后墙主动蓄放热、外部槽式光热转换供热等太阳能光热利用技术装备，确保了温室低成本越冬），农作物秸秆还田、蔬菜尾菜回收利用等。农田固碳方面，在保障产量的基础上，利用生物（绿肥、微生物）资源以及生物和耕作措施相结合技术成为新的路径，此外，少免耕、有机肥和无机肥合理配施、果园生草等技术都可以实现农田土壤固碳的效果。

七、家禽团队技术创新进展

（一）基因组研究及分子生物学技术快速发展

以基因组学研究为代表的新技术发展迅速。家禽的很多分子标记得益于基因组图谱的研究基础得以开发，为开展重要经济性状的定位和功能研究奠定了重要基础，鉴定了北京鸭的起源以及北京油鸡的部分特异性状的遗传基因，形成了以 SNP 遗传标记为基础的可靠技术研究成果，并完成了蛋鸡配套系及鸭的鉴别。目前，分子育种技术已经成功应用于家禽育种的工作实践中，并极大地提高了育种的效率和水平，在“农大 5 号”“京粉”蛋鸡、红羽粉壳蛋鸡和北京油鸡的选育过程中都广泛地使用了分子标记辅助育种技术。全基因组关联分析（GWAS）及基因组选择技术也已初步应用到蛋鸡育种过程中。

（二）初步构建了家禽绿色提质增效生产模式

家禽团队已集成蛋鸡、北京鸭、肉鸽生态环保养殖工艺 3 套，整合低蛋白饲粮、异位发酵床、粪污高效处理、林下养殖等 17 项关键技术和生产模式，打造 15 家示范场，覆盖家禽 230 万只，示范场碳排放降低 20% 以上，氮排放降低 11%，氨排放减少约 140 吨。团队完成制订北京市地方标准《规模化鸡场粪污处理技术规范》并推广应用，示范场粪便综合利用率达到 97% 以上。

（三）初步建立功能性产品的技术研发体系

家禽团队借鉴“药食同源”的理念，开发具有提升身体防御能力、调节生理节律、预防疾病和促进康复等作用的功能性禽产品，研发了 ω－3 鸡蛋、生物活性硒鸡蛋、牛磺酸鸡蛋、叶酸鸡蛋和虾青素鸡蛋 5 个功能性鸡蛋产品，与加拿大、美国合作研发 ω－3 北京鸭、ω－3 鸡肉 2 个功能性禽肉产品，丰富了首都家禽产品种类，促进了农业供给侧改革。

（四）生产与环境控制新技术

随着信息化、人工智能、实时检测、实时监测等技术和设施设备的快速发展，畜牧业在生产技术、环境监测与控制、废弃物资源化利用等方面迎来了技术创新、工艺优化、设备更新等诸多的机遇，监测机器人、消毒机器人、在线检测、生态耦合技术等新技术、新工艺、新设施、新设备不断涌现，极大地带动了家禽产业的技术创新，为北京家禽产业在生产和环境领域的技术发展带来了机会。

（五）禽病检测与诊断新技术

我国禽病防控技术研究在过去很长时间处于向国外学习的“跟跑”阶段，近年来我国在病原、抗体检测技术与禽用疫苗研究方面取得了长足的发展和进步。目前，检测技术主要向多联、快速、简便、高通量、自动化发展，如酶联免疫吸附试验、直接/间接凝集反应、胶体金免疫层析、荧光定量 PCR、环介导等温扩增等技术在禽病快速诊断和检测中得到了广泛应用，其中胶体金检测技术具有简便、快速等诸多优点，特别适用于基层的推广应用。基因编辑 CRISPR 技术打破了传统分子诊断技术的局限性，具有灵活、特异、便捷、可模块化、可编程和低成本等优势，可快速、准确出具分子诊断结果，更加贴合家禽感染性疾病快速诊断的需求。各种亚单位疫苗、重组病毒载体疫苗、多联多价疫苗、抗原生产新工艺疫苗（抗原纯净、使用便捷）等更高效的兽用生物制品逐渐成为行业主流产品和研究的发展方向。

（六）初步研发了北京禽产品提质增效绿色加工技术

基于中国消费习惯和加工方式，家禽团队首次构建了我国禽肉酱卤、烧烤、风干、腌腊、炖煮、炒制品质评价方法，创制了适用不同消费市场和群体的烧烤禽肉、调理禽肉、风干禽肉、酱卤禽肉、禽肉菜肴制品等高品质产品；研创了“过热蒸汽＋”的连续化节能烤制、无水定量卤制、无烟熏制、人工模拟气候风干等传统禽肉制品绿色加工关键技术和核心装备，革新了部分禽肉加工的传统工艺，为传统禽肉制品绿色加工提供科技支撑。

八、家禽团队技术创新进展

（一）育种与繁殖

生猪方面，家禽团队主要开展了母猪繁殖力的遗传改良研究、分子标记辅助选择育种技术的筛选与验证、母猪定时输精技术研究、种猪自动化测定系统改进完善与定型、母猪群体合理结构的研究、种猪高效育种技术集成与应用、繁殖母猪妊娠检测配套技术的研究和示范、适合我国主流猪种的遗传缺陷检测低密度 SNP 芯片技术研究等。

奶牛方面，家禽团队主要开展了基因组选择和后裔测定、有害基因筛选技术、分子检测、DHI 测定技术、精准改良等的研究与示范推广，提高了牛群种质资源质量水平。

在奶牛繁殖方向，团队通过体外胚胎生产技术、定时输精技术、早期妊娠诊断技术、性控冻精技术等的研究、集成与示范推广，提高了奶牛群体的繁殖水平，有效缩短胎间距，提高了繁殖效率。

（二）饲料与营养

生猪方面，家禽团队主要开展了猪场饲料检测与配方调整技术研究、枯草菌肽新兽药研究与开发、肠杆菌肽的研究与开发、无抗生素低氮排放日粮不同必需氨基酸水平对断奶仔猪生长性能的影响研究、断奶仔猪减抗饲料研发、利用饲料添加剂代替饲料中的抗菌素养猪技术示范应用、益生菌替代抗生素在育肥猪中的应用研究、酶菌复合制剂对断奶仔猪生长性能影响研究等。

奶牛方面，团队主要在奶牛精细化饲料评价和饲养管理技术、奶牛健康营养调控养殖技术、信息化数据平台及饲养管理技术方面，通过精准营养需求、饲料原料评定、饲料高效利用、粗饲料调制保存、碳氮减排、热应激评价、信息化与数据共享技术、物联网技术等高新技术的研究、集成与示范推广，进一步提升北京奶业精细化管理和健康饲养水平，有效提高了奶牛养殖的科技含量。

（三）疫病防控

生猪方面，家禽团队主要开展了中草药等复合添加剂对母猪少乳症疾病的防治技术研究及示范应用、生猪重大疫病（猪瘟、蓝耳病、口蹄疫、伪狂犬病）的净化研究、母猪保健技术提高健仔率研究、益生菌与中药的联合应用对断奶仔猪抗病促生长性能的试验示范、植物乳杆菌和苦荞黄酮及其复合物对断奶仔猪生长性能作用研究、猪细菌病精准防治技术应用研究等。

奶牛方面，团队主要在传染病防控与净化技术研究与示范和奶牛常见病综合防治与安全用药技术研究与示范方面，开展了新兽药研发、疫病防控与净化技术、普通病快速诊断技术、普通病综合防治与安全用药技术等的研究、集成、示范与推广，通过提升疾病诊断与防治能力，全面改善牛群健康水平。

（四）环境控制

生猪方面，家禽团队围绕生态环保，主要针对节能减排、粪污治理开展了关键技术攻关研发与示范推广：节水方面主要开展了新型节水饮水器研发、节水型饮水器的改造示范和应用推广等；节能方面主要开展了供暖猪舍保温天棚与天棚预热新风系统设计与示范、猪舍空气源热泵供暖节能减排效果研究等；减排方面主要开展了规模猪场空气环境净化技术的研究与应用、减排（减氮）饲粮技术在育肥猪群上的应用研发等；粪污治理方面主要开展了污水处理及循环利用关键技术试验研究、猪粪重金属钝化处理技术的研究与应用、全自动干清粪技术的示范与推广等。

奶牛方面，团队在奶牛场粪污资源化利用和节能减排方面，开展了奶牛场粪污资源化利用技术研究与示范和节能减排技术研究与示范工作，通过集中处理、达标排放、好氧发酵、抗生素去除等技术及集成，进一步提高粪污资源化利用的水平和效率，突破相关技术瓶颈，形成相应的粪污处理模式及技术方案；以重点示范基地全面落地为抓手，通过“可看、可学、可复制”的模式带动了其他牛场，并加以示范推广。

（五）加工流通

生猪方面，家禽团队主要开展了低温乳化肉制品稳定体系的建立与产品开发、低温肉制品腐败微生物研究、亚硝基血红蛋白的开发与应用、亚硝酸盐替代物的研发、黄酮醇类天然防腐剂研究、发酵肉制品产细菌素菌株的筛选及鉴定、猪肉肌球蛋白的有效解离研究、降低酱卤猪肉制品杂环胺生成的技术研究、肉品加工过程 HACCP 控制系统的建立等。

奶牛方面，团队在乳制品营养与安全和提振消费者对国产乳制品信心方面，开展了功能性乳品开发研究与示范和生鲜乳质量安全技术研究与示范工作，通过婴幼儿配方乳粉功能配料关键技术、高端功能乳制品加工关键技术、功能性益生菌株筛选技术、生鲜乳质量安全检测及控制技术等的研究、开发与示范推广，提高生鲜乳的安全水平和促进乳制品消费。

九、设施蔬菜团队技术创新进展

（一）创新了育种技术，选育了系列蔬菜品种 88 个

设施蔬菜团队建立了基于叶菜全基因组分子标记鉴定和辣椒基于靶向捕获测序技术的高通量分子标记选择的优异种质创制与高效育种技术体系，建立了精准的青枯病抗性鉴定技术；创制了聚合抗多种病害、雄性不育、优质等性状的育种材料 116 份，成功选育出适应不同季节、不同设施和茬口栽培的番茄、黄瓜、茄子和辣椒系列果类蔬菜新品种 55 个，选育耐热、耐寒的生菜、芹菜、快菜等叶类蔬菜品种 33 个，形成满足全年不同作物、不同设施生产的品种格局。“京甜 3 号”甜椒、“国福 901”辣椒、“中寿 11－3”番茄、“北农”系列生菜等品种综合性状达到国外同类品种先进水平，在主产区得到大面积推广，面积约占同类品种的 30%，累计推广 200 万亩以上。

（二）节水节肥成效显著

设施蔬菜团队围绕叶菜生产“两减一节”，明确了结球生菜不同生育期需水需肥规律，形成科学浇水施肥策略，集成高畦栽培、地膜覆盖、小拱棚覆盖、滴灌技术、施肥一体化、绿色防控技术体系，筛选出 1 种生菜专用配方肥“22－8－22”（$N-P_2O_5-K_2O$），优化底肥追肥施用方案，取得了显著的节水节肥效果，较基地传统灌溉施肥，亩均节水 45 立方米以上，亩均节肥 5.2 千克（纯量）以上；围绕果类蔬菜生产，创制了 4 种肥料配方，摸清了四种果菜不同灌溉方式下的耗水规律，研发了灌溉控制器、重力滴灌和精量灌溉施肥系统等专利技术 8 项，制订了《设施土壤栽培节水灌溉施肥技术规程》，通过智能控制，在重力滴灌、膜下滴灌、膜下微喷等节水设施设备上推广应用，亩节约纯养分 46.3 千克（N—18.2 千克、P_2O_5—15.6 千克、K_2O—12.5 千克）、节水 40% 以上，实现了节水节肥的技术目标。

（三）提升了病虫害综合防控效果

设施蔬菜团队创新土壤消毒和活化技术，筛选出高效、无残留、对非靶标土壤微生物干扰可恢复的土壤熏蒸剂 8 种并研发了专利技术，解决了土传病害危害严重的难题；研发了褪绿病毒和南方番茄病毒的分子检测和人工接种技术，为健康种苗生产提供了关键技术支撑；开发出新型消毒垫、防虫门帘、快速粘虫板等装置，创新了臭氧和辣根素的植株残体无害化处理技术，有效地防控了病虫害的传播；研制出两用行走轮施药机架，提高了施药器械在设施内作业的通用性。团队打造了集成多种防治方法协同的综合防治体系，重点开展生物防治、生物防治与其他防治方法结合的绿色防控措施；研发天敌捕食螨产品，与其他天敌及生物农药等的联合应用，从而减少化学农药的用量，达到减药增效的作用。

通过上述技术产品开发，团队提出了涵盖土壤消毒、种子种苗处理、土壤活化、水肥药一体化、点片治理、田园卫生的全程土传病害监控、生物防治与综合治理技术体系，优化集成制订发布了《蔬菜病虫害全程绿色防控技术规程》，并组建了 6 支专业服务团队，覆盖北京地区 10 个区县，推进了北京病虫防控专业化服务发展，应用效果显著：平均施药次数减少 5～13 次，减少化学农药用量 27%～42%，病虫害综合防控效果提高 15% 以上，达到了减药提效无公害的病虫害防控目标。

（四）向机械化轻简栽培迈进

针对规模化大棚生产，设施蔬菜团队设计了宜机化改造方案，研发、改进与引进了有机肥撒施机等适用大棚蔬菜生产机具设备，构建了全程机械化作业模式，作业效率提高了 10 倍，可实现自动化或半自动化作业及远程数据传输和控制；针对日光温室和小规模生产大棚，通过改进农艺种植模式和研制小型自动换行换向农机动力平台，实现了土壤耕整地、起垄、移栽、喷灌、植保等关键环节自动化或半自动化作业，分别提高效率 8 倍和 27 倍。

随着农机在生产中加大应用，目前设施生菜、油菜和菠菜生产率先实现除采收以外 90% 以上机械化作业。团队还初步提出了露地生菜生产全程机械化和菠菜生产全程机械化两种作业模式，可复制、推广除收获环节外的其他环节。

（五）集成了主要蔬菜主要设施茬口标准化栽培技术

一是团队构建了果菜适度规模标准化专业轻简生产技术体系并推广应用，塑料大棚番茄和黄瓜年均亩产 10300 千克和 9150 千克，较常规增产 11.4% 和 10.6%，亩均节省人工 8.5 人·天，引领了设施果菜生产向经营规模化、技术标准化、生产专业化和农艺轻简化方向发展。

二是团队构建了蔬菜工厂化生产技术体系，引领了蔬菜产业发展方向；建立了连栋温室番茄工厂化优质栽培技术体系，创新了专业化分工管理模式，提高了工人生产效率 4 ~ 5 倍，年产 41.4 千克/平方米，比国内同类温室提高了 38%；完善了水培叶菜工厂化栽培技术体系，实现散叶生菜工厂化周年生产，每平方米产量可达 21.9 千克，效益可达 258.85 元/平方米，年纯效益 40.75 元/平方米，改变了连栋温室生产无效益的状况。

三是团队发展蔬菜景观农业新业态、新模式，建立大面积工厂化生产模式、三层管道立体栽培模式，在 2019 年世界园艺博览会百蔬园进行景观展览，将生产与园艺景观打造有机融合，年接待国内外参观人员万人以上，并在观光园及城市空闲地、公园大面积应用，形成农业新业态、新模式。

（六）实现了产品采后流通环节的减损增值

设施蔬菜团队建立了生菜保鲜技术体系，生菜产品损耗率由 25% 降至 15% 以下，成功延长生菜保鲜期由 5 天提高到 10 天；鲜切生菜贮藏期内营养物质及风味损失大幅降低，与常规贮藏方式（4℃）相比，贮藏期内鲜切生菜维生素 C 损失降低了 54.4%、维生素 E 损失降低了 48.9%、总酚损失降低了 44.3%。团队还研发构建了高效冷链流通体系，研发出鲜切加工杀菌液自动化装备和鲜切生菜保鲜关键技术，制订了国家标准《即食鲜切果蔬生产卫生规范》（GB 31652）及编制发布了电商蔬菜分级和电商包装北京市地方标准；指导建设鲜切加工车间 7000 平方米，鲜切菜自动化生产线 3 条，产能 3 万吨/年。

十、渔业团队技术创新进展

（一）苗种繁育方面

渔业团队创建了国内领先的鲟鱼周年全人工繁育技术，实现一年四季“订单式”生产，开发了国际先进水平的鲟鱼种质鉴定技术，可以准确鉴定我国主要养殖的五种鲟鱼纯种和杂交种，以及杂交种的父母本；研发了大麻哈鱼三倍体苗种生产技术；宫廷金鱼和锦鲤的繁育和改良技术方面处于国内领先或先进水平。

（二）养殖方面

渔业团队研发了国内先进水平的鲟鱼微流水和工厂化养殖技术，工厂化产量达到20千克/立方米，观赏鱼绿色池塘养殖和工厂化养殖技术已初步构建。

（三）水质调控方面

渔业团队研发了生物浮床治理池塘富营养化技术、池塘循环流水养殖技术和生物制剂调水技术，构建了池塘养殖系统生态净水技术体系、原位和旁路水质净水技术体系、工厂化养殖生态净水技术体系等。

（四）饲料方面

渔业团队自主研制了鲟鱼亲鱼营养强化饲料、鲟仔稚鱼营养及开口饲料、鲟鱼专用低鱼粉膨化饲料，填补了国际上有关鲟鱼亲鱼营养需求研究的空白；开发了低氮磷排放的鲟鱼和观赏鱼饲料，开发了金鱼亲鱼饲料和锦鲤增色饲料。

（五）病害防治方面

渔业团队研制了锦鲤维氏气单胞菌菌蜕疫苗，相对免疫保护率超过85%；开展了鲟鱼链球菌病和虹鳟鱼传染性造血器官坏死病疫苗研制试验，研发了多个防治观赏鱼细菌性疾病的中草药配方。

（六）加工方面

渔业团队建立了鲟鱼硫酸软骨素和发酵鲟鱼骨类的精深加工产品工艺，研发了多种鲟鱼糜、鲟鱼肉新产品并进行了推广。

（七）产业融合方面

渔业团队开发了多种文化创意生活用品，研发了几种原生观赏鱼水族箱养殖技术和观赏水草净化水质技术，研发了适应不同场所的水族箱和水族辅助器材。

第八章　北京都市型现代农业高质量发展的政策建议

一、稳定粮食和重要农产品产能供给

严格落实粮食安全党政同责和“菜篮子”市长责任制。深入推进“田长制”，严格复垦地块验收，完成高标准农田建设，确保粮食播种面积稳定，促进设施农业、奶业、渔业等产业高质量发展。为确保首都粮食及重要农产品安全供给，建设高标准农田和守住北京地区耕地保有量是关键。一是要加大耕地保护力度，通过制订新增耕地联合验收工作流程和技术规范，严把耕地入口质量关，并要加大耕地土壤环境质量分类管理；二是要加强农业生产能力建设，落实农民种粮补贴政策，完善设施农业以奖代补等实施机制，进一步调动农户和经营主体积极性，扎实开展农业防汛和极端天气应对，持续抓好非洲猪瘟、高致病性禽流感等重大动物疫病以及草地贪夜蛾等病虫害防控，强化兽药饲料监测；三是要保持农业生产良好增长势头，保证重要农产品稳产保供。

二、着眼农业强国、农业农村现代化建设目标，聚焦粮食蔬菜单产水平突破

2022 年，在粮食安全党政同责和“菜篮子”市长负责制的政策框架下，全市各区形成了狠抓粮菜生产的良好局面，粮菜的面积、产量达到了 2017 年以来的最高水平，在看到成绩的同时应关注到，近年来的粮菜增产主要来自面积的增加，单产增幅较慢。为此，一是要加快高标准农田建设，优化复耕复垦地作物种植结构，向良田要高产；二是要破解老旧设施改造、新建设施的用地瓶颈等难题，提高设施装备水平，向设施要高产；三是加大良种攻关、新技术推广应用、农机农技融合等，向科技要高产；四是继续实施高产擂台赛等高产创建活动，提高农业生产社会化服务水平，向机制要高产。

三、深入推进“种业振兴”行动

为实现种业振兴，打造“种业之都”，要从保护和创新两方面开展种质资源提升项目。

一方面，依托第三次畜禽遗传资源普查和第一次水产养殖种质资源普查结果，针对北京优势和特有的农作物、畜禽、水产等遗传资源进行保护和利用。持续进行北京鸭、北京油鸡、宫廷金鱼、鲟鱼四类特色种质资源畜禽活体保种场和种质资源库的建设，加大财政对保种单位的专项资金支持，完善种质资源保护监测技术，利用智能化、信息化手段打造种质资源保护体系。另一方面，北京市要立足首都优势，依托丰厚的科研资源和人才资源，持续推进新品种研发和应用，解决种源"卡脖子"问题，推进种业创新实验示范基地、育种科研中心、种子交易交流区、育种场和繁育基地等种业研发试验基地的建设，并开展种业知识产权保护和监管活动，为打造"种业之都"创造良好的市场环境。

四、加快一二三产业融合发展

首先，发展乡村特色产业，培育区域乡村特色优势产业，壮大"一村一品"经济。在做强"北京鸭""平谷大桃""燕山板栗""密云蜂蜜"等特色农产品的同时，要大力发展特色食品、特色手工业等具有乡土特色的产业。其次，要结合北京各区历史文化、地理优势、特色产品、生态环境等特色资源，加强乡村地区闲置农宅的盘活利用和山、水、林、田等外部资源的规范保护，赋予农宅农耕、民俗、红色、历史等文化内涵，持续推出"北京微度假"目的地和精品旅游路线。最后，要聚焦乡村特色产业、休闲农业和乡村旅游业，强化节庆、餐饮、民宿及农产品品牌建设，打造如"大兴西瓜""平谷大桃""妫水农耕"等蔬果粮农产品区域公共品牌，并培育一批如"门头沟小院""山楂小院"等特色鲜明的"原味民宿"区域品牌。

五、持续推进智慧农业发展

为推进北京国际科技创新中心的建设，要加快农业农村对大数据、物联网、云计算等现代技术的应用，以科技创新打造智慧农业新高地，用数字赋能农业高质量发展。在农业生产方面，要加快绿色智能农机技术推广应用，将无土栽培、自动水肥管理、智能传感器设备、实时数据监测等技术引入农业生产过程，打造设施农业和智慧农场，从而实现农业标准化生产和节本增效的目的。在农产品流通运输方面，供求双方可共建立信息服务平台，定期组织种植大户、经销大户的互动活动以及农副产品推介会，形成标准化生产、高端化发展、订单式合作等产销模式。鼓励供需双方与综合服务能力较强的物流运输企业合作，规划建设出一条绿色农产品运输物流专线，实现有效、稳定的农产品流通。

六、深化农业专业化社会化服务

立足北京市"大城市小农业、大京郊小城区"的市情农情，培育新型农业社会化服务能够推动城乡要素融合，实现农业农村现代化发展。为满足首都市民的消费结构升级，首先要拓宽农业社会化服务的领域，将服务范围由大宗农作物推广到果蔬茶等经济作物上，由种植业向养殖业推进，将农业社会化服务延伸贯穿至产前、产中、产后等环节，提高社会化服务对农业生产全产业链的覆盖率；其次要创新农业社会化服务方式，鼓励农业龙头企业、村集体组织等各主体大力发展单环节、多环节和全程托管等农业生产服务，积极探索生产托管、折股量化、产业化联合体等农业社会化服务模式，从而满足农业生产过程中的多样化需求；最后要提升科技化水平，社会化服务主体要充分利用大数据、互联网、区块链、人工智能等信息技术，对农业及畜牧业产前、产中、产后的生产过程和服务质量进行精准的监测监管，形成绿色高效的生产技术服务组织。

七、加快农村人居环境数字化治理

2022 年北京市专门印发《北京市“十四五”时期提升农村人居环境建设美丽乡村行动方案》，提出持续推进农村人居环境整治要充分发挥农民主体作用，加强科技支撑。数字化时代，要充分发挥数字技术的便捷性，打破治理主体之间的信息壁垒，形成多元协同机制，精准有效地对农村人居环境进行持续整治和监管。一方面，利用数字技术构建农村人居环境数据平台，实现对农村人居环境治理的实时全天监控、相关风险预警、快速跨部门协同响应，从而提升农村人居环境整治的效率。另一方面，利用数字技术构建多元主体参与平台，通过网上评价和监督活动，让农民参与到农村人居环境的监督和自治中。透明化的参与权力和治理责任，极大地凸显了农民的主体性，将有效地加大政府与社会主体的治理力度。同时，多元主体参与平台要将涉及农村人居环境治理的政府部门的权责进行明确，提供便捷的线上联络窗口，以提高各部门在线协商水平，构建扁平化的互动协商机制。

八、发挥重点工程拉动作用，实现农民收入促增长、保增收

2022 年，全市农业农村经济经受多重冲击，农民收入保持增长势头实属不易。农民收入同比 4.4% 的增幅在近 10 年的历史中属于较低的水平，仅高于 2015 年和 2020 年，经营净收入和转移净收入同比还是负增长。随着疫情防控政策调整，经济运行秩序的恢复，广大农民对收入增长的期待将越来越强。为此，要积极推动农业农村领域的复工复产，加快实施重点工程项目建设，并注重发挥农业领域工程项目对当地农民就业、增收的带动作用。如加快实施蔬菜、良种蛋鸡产业集群，农业现代化示范区，国家级现代农业产业园，国家级农业产业强镇等工程建设，加大美丽乡村建设力度，引导带动社会力量、社会资本投入农业产业链上下游，为产业发展、产值增加提供新动能。持续深入开展集体经济薄弱村、低收入村帮扶，利用帮扶项目促进产业发展、带动农民稳定就业。营造良好的营商环境，增加惠农补贴收入，进一步增加农民经营性净收入和转移性净收入。

九、丰富农业绿色低碳发展方式

农业绿色发展是推动农业农村现代化的重要手段，推进农业绿色发展要从农业产业结

构、绿色生产方式和绿色科技支撑三个方面进行。从农业产业结构来看，目前北京市休闲农业和乡村旅游已具备良好的发展基础，要合理利用农业资源和特色产品优势，鼓励生态资源优势突出的乡村地区开发绿色农产品，引导品牌建设，促进生态优势向经济优势转化。从绿色生产方式上来看，要适度实施耕地休耕轮作制度以提升资源环境承载力，持续开展化肥减量增效工程，推广农业病虫害绿色防控产品和技术，以减少农业面源污染。从绿色科技支撑来看，加强秸秆、畜禽粪污等农业废弃物肥料化、能源化等的资源化利用，扩大沼气、太阳能等清洁能源在农业中的使用，利用信息技术大规模发展智慧农业和设施农业，推进农业生产与信息技术的深度融合。

参考文献

[1] 包晓斌. 北京都市农业绿色发展新路径 [J]. 前线, 2020 (10): 80 – 82.

[2] 陈锡文. 实施乡村振兴战略, 推进农业农村现代化 [J]. 中国农业大学学报(社会科学版), 2018, 35 (1): 5 – 12.

[3] 陈香玉, 陈俊红, 张慧智. 北京市“菜篮子”外埠基地建设现状、问题与对策分析 [J]. 北方园艺, 2021 (2): 159 – 164.

[4] 杜洪燕, 陈俊红, 龚晶, 等. 北京市蔬菜产业社会化服务发展成效、问题与提升路径 [J]. 中国蔬菜, 2022 (7): 1 – 7.

[5] 杜洪燕, 陈俊红, 龚晶, 等. 北京市新型农业社会化服务体系优化调整策略 [J]. 北方园艺, 2022 (12): 147 – 151.

[6] 范子文. “十三五” 时期北京市休闲农业与乡村旅游发展研究 [J]. 北京农业职业学院学报, 2016, 30 (5): 5 – 16.

[7] 高杨, 芦晓春, 王晓霞. 北京农业瞄准首都功能定位再升级 [J]. 前线, 2020 (11): 77 – 79.

[8] 李实. 共同富裕的目标和实现路径选择 [J]. 经济研究, 2021, 56 (11): 4 – 13.

[9] 李伟书, 张领先, 傅泽田, 等. 北京都市型现代农业发展的重点与对策 [J]. 科技管理研究, 2013, 33 (1): 86 – 89.

[10] 李芸, 陈俊红, 陈慈. 北京市农业产业融合评价指数研究 [J]. 农业现代化研究, 2017, 38 (2): 204 – 211.

[11] 刘培林, 钱滔, 黄先海, 等. 共同富裕的内涵、实现路径与测度方法 [J]. 管理世界, 2021, 37 (8): 117 – 129.

[12] 刘玉, 蒋治, 王浩森. 北京农业地域功能空间分异及影响因素 [J]. 自然资源学报, 2020, 35 (10): 2444 – 2459.

[13] 陆小成. 新发展阶段北京生态产品价值实现路径研究 [J]. 生态经济, 2022, 38 (1): 218 – 223.

[14] 吕拉昌, 于英杰, 栾惠. 北京城市舒适性、差异性与创新能力的关系 [J]. 地理科学, 2022, 42 (1): 115 – 125.

［15］王爱玲，李凌云，串丽敏，等．北京市设施蔬菜产业现状、问题与对策［J/OL］．中国蔬菜：1－7［2023－04－23］．

［16］王秀芬，何忠伟．北京乡村治理促进农村人居环境的长效机制研究［J］．农业展望，2023，19（1）：8－13．

［17］王亚华．推进乡村振兴与建设农业强国［J］．求索，2023（1）：113－119．

［18］肖长坤，何忠伟．北京都市型现代农业产业发展报告2021［M］．北京：中国财政经济出版社，2021．

［19］徐梦琳，张嘉一，刘佳奇，等．超大城市乡村振兴与乡村治理耦合协调性及障碍度研究——以北京市为例［J/OL］．中国农业资源与区划：1－13．

［20］徐伟楠，王聪，何忠伟．北京休闲农业与乡村旅游发展障碍与对策研究［J］．科技和产业，2022，22（11）：254－258．

［21］于爱水，李江涛，汪大海．习近平乡村振兴战略观的基本内涵、理论贡献与实践路径［J/OL］．学术探索：1－7．

［22］张光连．北京市农村经济发展报告2021［M］．北京：中国农业出版社，2022．

［23］张光连．北京乡村振兴研究报告（2021）［M］．北京：中国言实出版社，2022．

［24］张继晓．北京乡村振兴的有力抓手［J］．人民论坛，2018（27）：76－77．

［25］左丽媛，姜远，高江波，等．生态保护红线区生态系统服务多维驱动力的定量分离［J］．地理学报，2022，77（9）：2174－2188．